ISBN 978-2-07-064213-7

Loi n° 49-956 du 6 juillet 1949 sur
les publications destinées à la jeunesse
Dépôt légal : août 2011
N° d'édition : 184273
Photogravure Scanplus
Imprimé et relié en Espagne par Egedsa

Tothème

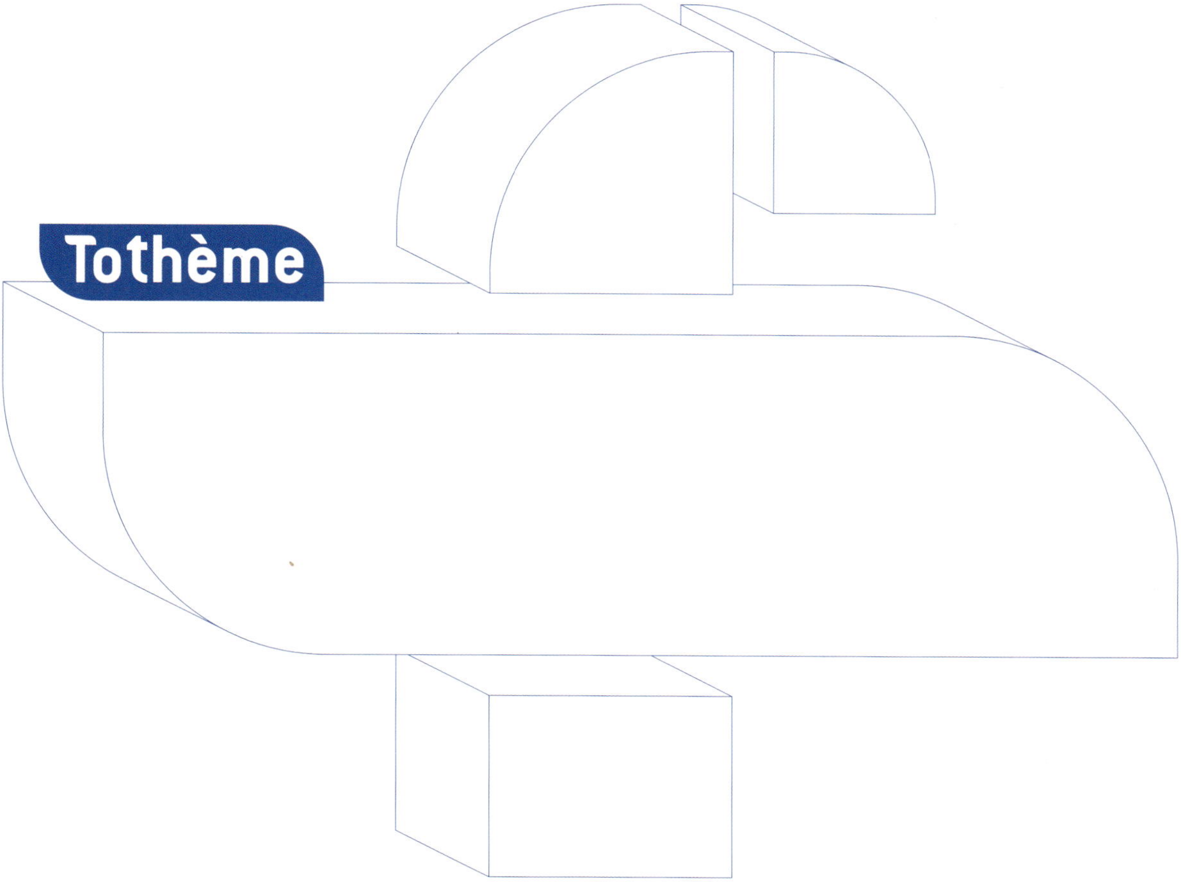

L'histoire de France

Jean-Michel
Billioud

GALLIMARD JEUNESSE

COMMENT ÇA MARCHE ?

TERRITOIRE

De la Gaule romaine à la France d'aujourd'hui, le territoire national s'est structuré petit à petit, s'est agrandi grâce aux conquêtes coloniales, a aussi été amputé, puis est devenu tel que nous le connaissons aujourd'hui.

Si tu aimes les exposés structurés et chronologiques (commencer par le début et terminer par la fin), parcours ton livre de 1 à 60 !

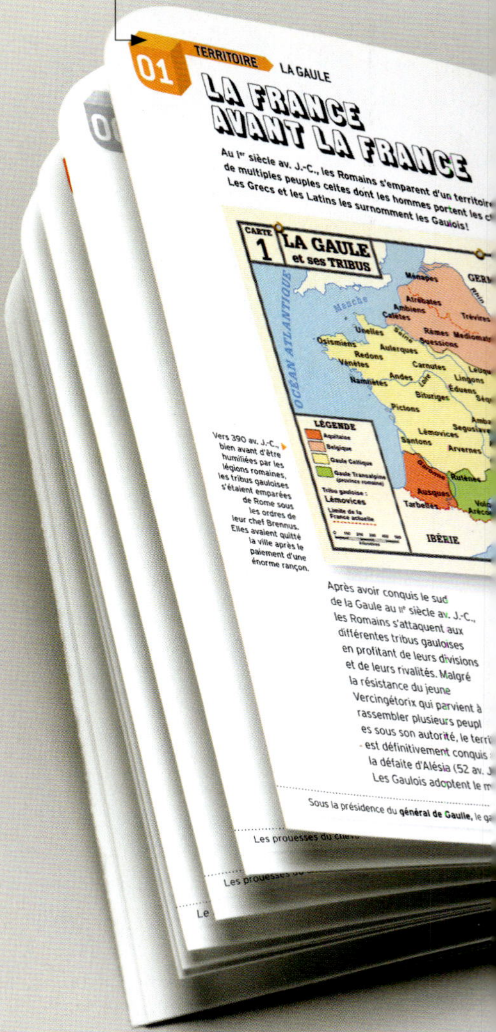

HÉROS ET HÉROÏNES

Hugues Capet, Jeanne d'Arc, Victor Hugo, Jean Jaurès… tous sont les personnages phares d'une époque qu'ils ont marquée soit par leurs actes de bravoure, leurs écrits ou leur conscience politique.

DATE

La bataille de Bouvines, le massacre de la Saint-Barthélemy, l'affaire Dreyfus… Les dates servent de repères dans la longue chronologie de l'histoire de France pour rappeler un événement particulier à une époque particulière.

LIEU

De l'abbaye de Cluny au Louvre, du mur des Fédérés au Panthéon… centres intellectuels, demeures royales, mausolées ou lieux d'héroïsme et de répression, ils font tous partie de notre patrimoine culturel.

PERSONNAGES

Chevaliers, paysans, nobles, savants, bourgeois ou ouvriers, instituteurs, philosophes ou poilus, ces personnages représentatifs de différents groupes sociaux, toujours anonymes, sont dépeints dans le contexte d'une période bien définie.

TEXTE

Les siècles défilent et les écrits restent. Les documents symboliques tels l'ordonnance de Villers-Cotterêts, les cahiers de doléances ou la Déclaration des droits de l'homme et du citoyen sont les textes fondateurs de notre histoire.

SYMBOLE

Tout le monde connaît le drapeau tricolore. Pourtant d'autres symboles ont représenté ou représentent toujours la France, comme la fleur de lis, *la Marseillaise*, la devise de la République ou Marianne.

Chaque entrée est classée de 1 à 60. La couleur du cube indique à quelle famille elle appartient.

Nom de la famille

Nom de l'entrée

Si tu es perdu, reporte-toi au sommaire (page suivante) ou bien ouvre le dernier rabat : il te permet à tout moment de retrouver les 60 sujets, classés par thème.

Si tu préfères naviguer au fil de ta curiosité et créer des liens entre les sujets, parfois surprenants et inattendus, suis les indications en bas de page.

Enfin, si tu connais à l'avance le sujet qui t'intéresse (ou si tu dois faire un exposé), tu peux directement aller voir l'index à la fin du livre.

HISTOIRE DE FRANCE SOMMAIRE

OÙ TROUVER L'INFORMATION ?

Ce parcours fléché de 1 à 60 permet de bien visualiser les moments clefs de l'histoire de notre pays et les grands personnages emblématiques.

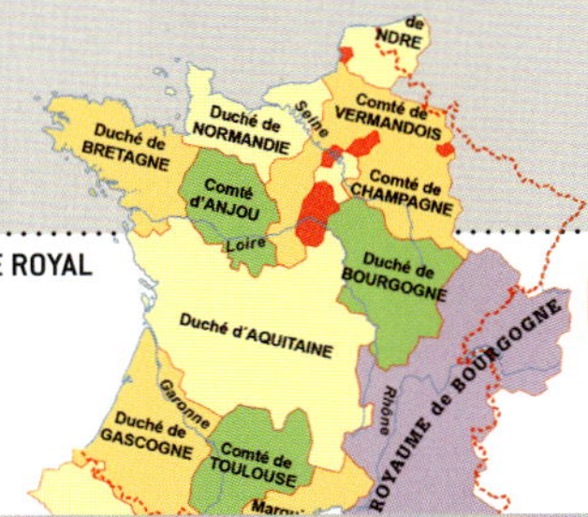

TERRITOIRE

01 LA GAULE
07 LE DOMAINE ROYAL
19 LA CONSTRUCTION DE LA FRANCE
30 LA FRANCE NAPOLÉONIENNE

HÉROS ET HÉROÏNES

02 VERCINGÉTORIX
05 CHARLEMAGNE
08 HUGUES CAPET
14 JEANNE D'ARC
21 LOUIS XIV
28 ROBESPIERRE

DATE

03 LE BAPTÊME DE CLOVIS
09 LES CROISADES
12 BOUVINES
18 LE MASSACRE DE LA SAINT-BARTHÉLEMY
27 LA PRISE DE LA BASTILLE

LIEU

04 REIMS
06 SAINT-DENIS
10 L'ABBAYE DE CLUNY
13 NOTRE-DAME DE PARIS
17 CHAMBORD/ CHÂTEAUX DE LA LOIRE
24 VERSAILLES

PERSONNAGES

11 LES CHEVALIERS
15 LES PAYSANS
22 LES NOBLES
25 LES PHILOSOPHES DES LUMIÈRES

TEXTE

16 L'ORDONNANCE DE VILLERS-COTTERÊTS
23 L'ENCYCLOPÉDIE
26 LES CAHIERS DE DOLÉANCES

SYMBOLE

20 LA FLEUR DE LIS
29 LA MARSEILLAISE

Les textes, les différents visages du territoire français, les héros et héroïnes, les dates sont classés par ordre chronologique. Les autres sujets, plus thématiques (personnages, lieux, symboles), donnent au fil du livre des repères essentiels pour mieux comprendre les aspects sociaux, économiques, mais aussi culturels, indissociables de notre histoire.

40 LA FRANCE AMPUTÉE
47 L'EMPIRE COLONIAL FRANÇAIS
60 LA FRANCE MIXTE

35 VICTOR HUGO
38 JULES FERRY
45 LOUISE MICHEL
48 JEAN JAURÈS
54 MARIE CURIE
57 CHARLES DE GAULLE

36 LA COMMUNE
46 L'AFFAIRE DREYFUS
50 LA SÉPARATION DES ÉGLISES ET DE L'ÉTAT
52 L'ARMISTICE
55 L'ÉTAT FRANÇAIS
58 LA DÉCOLONISATION

32 LE LOUVRE
37 LE MUR DES FÉDÉRÉS
49 LA TOUR EIFFEL
53 LE PANTHÉON

39 LES INSTITUTEURS
41 LES SAVANTS DU XIXe SIÈCLE
43 LES BOURGEOIS
44 LES OUVRIERS
51 LES POILUS

31 LA DÉCLARATION DES DROITS DE L'HOMME ET DU CITOYEN
33 LE CODE CIVIL

34 LE COQ GAULOIS
42 LIBERTÉ, ÉGALITÉ, FRATERNITÉ
56 LE DRAPEAU TRICOLORE
59 MARIANNE

QUELLES HISTOIRES !

Voilà plus de deux millénaires que la France se construit à partir d'éléments très divers. Personnages, lieux, symboles, événements, héros et héroïnes, textes ou territoires, sont autant de clefs précieuses pour comprendre notre pays.

L'histoire de France est un parcours extraordinaire à travers l'Antiquité, le Moyen Âge, l'époque moderne et la période contemporaine. Dans ce voyage au cœur du passé, on croise des héros et des héroïnes hors du commun, tels que Jeanne d'Arc ou Victor Hugo, personnages majeurs qui ont changé individuellement le cours et parfois le sens de notre histoire. Souverains, artistes, révolutionnaires, scientifiques, d'autres personnalités ont incarné tour à tour le pays et ont œuvré à son rayonnement et à sa prospérité. Mais l'histoire de France ne compte pas que des géants de cette envergure. Elle s'est essentiellement bâtie grâce à des millions d'anonymes. Certains, comme les nobles ou les bourgeois, ont dominé le pays à une époque en raison de leur naissance, de leur argent ou de leurs valeurs. D'autres l'ont défendu, tels les chevaliers ou les poilus, ces martyrs inconnus à ne jamais oublier ; d'autres encore, paysans et ouvriers, ont formé les innombrables bataillons des hommes et des femmes de l'ombre, souvent méprisés mais toujours essentiels.

En tirant sur le fil de notre passé, il est aussi intéressant de s'arrêter sur les moments clefs de notre histoire, ruptures ou renaissance, union ou déchirements, qui ont jalonné le cours de la monarchie ou de la République. Chacune de ces étapes a contribué à façonner l'identité de la France. Pour mieux comprendre notre pays, il est aussi utile d'observer ses symboles et les emblèmes que sont la devise «Liberté, Égalité, Fraternité» ou le drapeau tricolore, et d'analyser les textes fondateurs comme la Déclaration des droits de l'homme et du citoyen ou le code civil. Il ne faut pas non plus négliger les lieux du pouvoir tels Reims et Notre-Dame de Paris ou ceux de l'industrie triomphante comme la tour Eiffel. Chacun à leur manière éclaire notre passé et explique le présent. Cette quête nous amène aussi à découvrir l'évolution territoriale de la France, du maigre domaine royal au gigantesque empire colonial, du royaume capétien à notre pays actuel, enrichi d'une population plurielle. Une France aux racines diverses mais aux valeurs communes.

01 LA FRANCE AVANT LA FRANCE

Au Iᵉʳ siècle av. J.-C., les Romains s'emparent d'un territoire habité par de multiples peuples celtes dont les hommes portent les cheveux longs. Les Grecs et les Latins les surnomment les Gaulois !

Vers 390 av. J.-C., bien avant d'être humiliées par les légions romaines, les tribus gauloises s'étaient emparées de Rome sous les ordres de leur chef Brennus. Elles avaient quitté la ville après le paiement d'une énorme rançon.

Après avoir conquis le sud de la Gaule au IIᵉ siècle av. J.-C., les Romains s'attaquent aux différentes tribus gauloises en profitant de leurs divisions et de leurs rivalités. Malgré la résistance du jeune Vercingétorix qui parvient à rassembler plusieurs peuples sous son autorité, le territoire est définitivement conquis après la défaite d'Alésia (52 av. J.-C.). Les Gaulois adoptent le mode de vie et les techniques des Romains et le pays connaît une belle prospérité au IIᵉ siècle apr. J.-C. C'est le temps de la civilisation gallo-romaine qui s'épanouit dans plusieurs grandes villes comme Lyon, Narbonne, Nîmes ou Vienne. Mais, bientôt, les grandes invasions déstabilisent l'Empire romain et un chef franc, Clovis, prend le pouvoir sur une grande partie de la Gaule.

Sous la présidence du **général de Gaulle,** le gaulois Astérix devient une star de la BD. →

NOTRE ANCÊTRE LE GAULOIS

Unificateur, résistant face aux envahisseurs, glorieux vaincu, martyr, Vercingétorix est le premier héros de l'histoire de France.

Qui êtes-vous Vercingétorix ?
Je suis un rebelle qui lutte contre l'envahisseur Jules César, au Ier siècle av. J.-C. En fédérant les peuples gaulois, je gagne la bataille de Gergovie en 52. La même année, je dois capituler à Alésia. La Gaule devient romaine.

Comment connaît-on votre action ?
Curieusement, c'est grâce à mon ennemi Jules César. Il trace de moi un portrait flatteur dans son récit sur la guerre des Gaules. Et c'est la seule source !

Vous êtes plus célèbre que Brennus...
Brennus vivait plus de trois siècles avant moi. Il a même conquis Rome. Mais c'est moi que les historiens du XIXe siècle ont choisi de sortir de l'ombre...

Pour quelles raisons ?
Probablement parce que j'incarnais parfaitement la résistance à l'époque où la France s'inquiétait de l'expansion prussienne.

Avez-vous des successeurs dans l'histoire de France ?
Ceux qui se sont opposés aux envahisseurs, de Jeanne d'Arc à Charles de Gaulle. Il y a aussi le héros Astérix. Comme moi, il veut garder l'indépendance de son peuple.

Vercingétorix est entré dans tous les manuels scolaires à la fin du XIXe siècle alors qu'il était inconnu un siècle plus tôt.

Vercingétorix est un héros exalté par les **instituteurs de la IIIe République.** →

DATE **25 DÉCEMBRE 496 : LE BAPTÊME DE CLOVIS**

03 L'UNION SACRÉE

À l'avènement de Clovis, la Gaule est divisée en quatre royaumes: Francs (païens), Wisigoths et Burgondes (ariens) et Gallo-Romains (chrétiens). Seuls les Burgondes résistent au chef franc.

Établi sur un minuscule territoire du nord de la Gaule, le jeune chef franc Clovis est baptisé à Reims par l'évêque Remi. Sa femme Clotilde, pieuse catholique, a joué un rôle important dans cette conversion qui apporte l'appui de l'Église à Clovis puis à la dynastie mérovingienne. Grâce au baptême stratégique de leur chef, les Francs vont prendre l'avantage sur les autres barbares dans la conquête de la Gaule romaine. Cet acte capital, que les historiens datent de 496 ou 498, est aussi la première étape de l'union entre l'Église et la monarchie française, qui va durer plus de treize siècles.

À la mort de Clovis, son royaume est partagé entre ses quatre fils.

AVANT/APRÈS

- **313:** fin de la persécution des chrétiens dans l'Empire romain.
- **410:** les Wisigoths envahissent Rome.
- **451:** les Romains sont vainqueurs d'Attila le Hun à l'est de la Gaule.
- **476:** chute de l'Empire romain d'Occident.
- **532-537:** construction de la basilique Sainte-Sophie.
- **622:** Mahomet fonde la religion musulmane.

Le Moode

25 DÉCEMBRE 496 : PREMIÈRE ÉDITION

ROI DES FRANCS : CLOVIS 1ER

Un souverain très catholique

Les habitants de Reims ont assisté au baptême du jeune roi franc dans leur cathédrale. Près de trois mille guerriers ont accompagné leur souverain et adopté sa religion catholique.

Le lien de la monarchie avec le christianisme sera renforcé au temps des **croisades.** → 09

LIEU 04 REIMS

VILLE, CATHÉDRALE, ET CÉRÉMONIE

Cité du baptême de Clovis, la capitale champenoise tire profit de cet événement historique pour devenir celle des sacres des rois de France.

En 1962, le général de Gaulle et le chancelier Adenauer scellent la réconciliation franco-allemande à Reims et dans la cathédrale.

Où ?

Quoi ?
Église catholique, chef-d'œuvre de l'architecture gothique, lieu traditionnel du sacre des rois de France

Quand ?
Construction : 1211-1275

Conclue à l'occasion du baptême de Clovis à Reims, l'alliance de l'Église et du pouvoir se perpétue chez les successeurs du roi franc et ceux de l'évêque Remi. En plus d'un millénaire, trente-trois souverains français sont ainsi sacrés dans la cité champenoise. Le premier est Louis le Pieux en octobre 816, mais ce n'est qu'au début du XIe siècle que la cathédrale de Reims s'impose finalement sous l'Ancien Régime comme le lieu du sacre des rois, à l'exception de Louis VI (Orléans) et d'Henri IV (Chartres). Le sacre a lieu en général un dimanche ou le jour de la célébration d'une grande fête chrétienne. Chaque fois, la ville accueille le souverain et sa suite pendant plusieurs jours et finance une partie de cette cérémonie très onéreuse.
Le dernier roi sacré est Charles X, le 29 mai 1825, qui exige ce cérémonial auquel avait renoncé, par souci d'apaisement, son frère Louis XVIII.

Louis XIV n'est âgé que de seize ans lorsqu'il est sacré le 7 juin 1654 à Reims.

HÉROS CHARLEMAGNE (747-814)

05 L'EMPEREUR DE FRANCE

Affaiblie par les querelles, la dynastie des Mérovingiens doit laisser la place à une nouvelle famille. Après Charles Martel et Pépin le Bref, Charlemagne impose le règne des Carolingiens et fonde un empire en Europe.

Comment êtes-vous parvenu sur le trône ?
Je suis le fils aîné de Pépin le Bref, élu roi des Francs en 751. Au départ, je dois partager le pouvoir avec mon frère Carloman, mais il meurt et le royaume passe entièrement sous mon autorité.

Les derniers Carolingiens perdront le pouvoir

Vous avez ensuite conquis un incroyable empire…

Le fruit de quarante-cinq années de combats incessants. Mais c'est une réussite : mon empire s'étend de l'Atlantique à la Baltique et des Pyrénées au Danube. En 790, je m'installe à Aix-la-Chapelle avec une cour. Jusque-là, les rois n'avaient pas de résidence fixe…

Comment avez-vous dirigé ce territoire immense ?

J'ai préservé son unité en plaçant des comtes et des évêques pour administrer trois cents petites régions, les comtés. Et comme je suis d'un naturel méfiant, je les contrôlais par les *missi dominici*, des envoyés qui veillaient au respect de mes décisions. Je ne voulais pas du désordre mérovingien. Mais ce qui me rend le plus fier…

Ce sont vos réformes ?

Exactement. Il fallait veiller sur quinze millions de sujets et améliorer leurs conditions de vie. C'est pour eux que j'ai fait des réformes économiques et culturelles. Je voulais aussi « que des écoles soient fondées où les enfants puissent lire ».

On dit que vous étiez très proche du pape ?

Je l'ai aidé à se défendre contre les Lombards et j'ai reçu son soutien pour faciliter la christianisation de l'Europe. Pour me remercier, le pape Léon III m'a couronné « empereur des Romains », le jour de Noël 800, à Saint-Pierre de Rome.

LE SAVIEZ-VOUS ?

L'empire de Charlemagne est partagé en trois royaumes par le traité de Verdun (843) : à l'ouest, la Francia occidentalis de Charles le Chauve, à l'est, la Francia orientalis de Louis le Germanique, et, entre les deux, la Media Francia de Lothaire Ier. C'est la fin de l'empire d'Occident.

au profit d'**Hugues Capet** et de ses descendants. →

LIEU SAINT-DENIS

06

LA DERNIÈRE DEMEURE ROYALE

Dès le début du Moyen Âge, la basilique noue des liens privilégiés avec les dynasties carolingienne et capétienne: le pape Étienne II y sacre Pépin le Bref en 754, et de nombreux souverains y sont inhumés.

Quel incroyable cimetière! Ce sont quarante-six rois, trente-deux reines, soixante-trois princes et princesses et quelques grands serviteurs comme Du Guesclin qui sont enterrés dans cette singulière nécropole. Sur chaque tombe richement décorée, une statue représente le défunt à taille humaine. Seuls quelques rois comme Philippe Ier en 1108, Louis VII en 1180, Louis XI en 1483, Charles X en 1836 et Louis-Philippe en 1850 seront inhumés dans d'autres lieux. Mais Saint-Denis n'a pas été qu'un cimetière. Avant de partir au combat, les rois capétiens s'y rendaient avec leurs chevaliers pour lever leur étendard et hurler leur cri de guerre: «Montjoie Saint-Denis!» La basilique possède aussi l'un des plus importants trésors de France avec un très grand nombre de cadeaux royaux et de manuscrits enluminés. Il incluait autrefois le sceptre et la main de justice que les moines de l'abbaye apportaient à la cathédrale de Reims pour le sacre des rois.

Où?

Quoi?
Église catholique, nécropole des rois de France, profanée à la Révolution (1793)

Quand?
Construction: 475-1144

Quand Louis XVIII monte sur le trône, il réaffirme le statut de nécropole royale de l'abbaye et y fait transférer les cendres de son frère Louis XVI et de Marie-Antoinette.

Louis XI, qui vivait loin du **Louvre**, est enterré à Cléry-Saint-André dans le Loiret. → 32

PROPRIÉTÉ CAPÉTIENNE

Comme les autres grands seigneurs du royaume, les premiers rois capétiens dominent un territoire modeste. Et ils doivent y guerroyer pour imposer leur autorité sur des dizaines de petits barons.

À l'époque des premiers Capétiens, les ducs de Normandie et de Bourgogne sont bien plus riches que le roi de France.

Pendant les deux premiers siècles de leur règne, les rois capétiens n'exercent leur autorité directe que sur un minuscule territoire en Île-de-France qui s'étend de Paris à Orléans. Ailleurs, le royaume est contrôlé par de grands seigneurs très puissants sur lesquels le souverain n'a quasiment aucun pouvoir. Cela n'a qu'un temps. Par des combats incessants et une politique intelligente de mariages, les successeurs d'Hugues Capet s'emparent vite de nouveaux territoires dont certains très vastes comme la Champagne au XIVe siècle ou la Bretagne au XVIe siècle. C'est à cette époque, au moment de la Renaissance, que le domaine royal se confond avec le royaume de France.

Vainqueur à **Bouvines,** le roi Philippe Auguste va tripler la superficie du royaume. → 12

HÉROS HUGUES CAPET (VERS 940-996)

08 LE FONDATEUR

Le duc de France est élu roi par les grands du royaume à Senlis, en 987, avant son sacre la même année. Ses descendants vont se succéder sur le trône jusqu'au milieu du XIXe siècle !

Qui êtes-vous Hugues Capet ?
Je suis le fils aîné d'Hugues le Grand, le duc de France. Et surtout le premier des rois capétiens après deux cents ans de règne carolingien.

Dans quelles circonstances ?
Tragiques. En 986, le roi carolingien Louis V meurt à la suite d'un accident de chasse, sans laisser d'héritier.

Il y avait Charles de Lorraine, un Carolingien...
Oui, mais il avait une très mauvaise réputation. Alors l'assemblée des grands seigneurs du royaume m'a choisi pour souverain, le 1er juin 987, avec le soutien de l'archevêque de Reims. Le successeur de Remi qui avait sacré Clovis.

Vous régnez sur un empire ?
Pas du tout. Je ne domine qu'un tout petit territoire, le domaine royal. Et Charles de Lorraine et les Carolingiens ne veulent pas se laisser faire. C'est pour cela que je fais élire et sacrer mon fils aîné, Robert, le 25 décembre 987. C'est visiblement une bonne idée... mes successeurs, jusqu'à Philippe Auguste, vont tous m'imiter.

Et pourquoi pas les autres ?
Parce que l'autorité capétienne sera bien établie, ils n'en auront plus besoin.

L'adjectif «capétien» apparaît pour la première fois au début du XIIIe siècle chez un chroniqueur anglais.

Après le **14 juillet 1789,** Louis XVI est surnommé Louis Capet par les révolutionnaires. →

09 DATE **1095-1291 : LES CROISADES**

OBJECTIF JÉRUSALEM

Princes, enfants, nobles, chevaliers, des centaines de milliers de chrétiens partent sur les routes de l'Orient. Leur mission sacrée ? Délivrer le tombeau du Christ à Jérusalem.

En 1095, à Clermont, le pape Urbain II lance un appel pour porter secours aux chrétiens orientaux et délivrer Jérusalem conquise par les musulmans. Son message est entendu. Quatre ans plus tard, les croisés s'emparent de la Ville sainte sous la conduite de Godefroi de Bouillon. Ils établissent quatre États, autour des villes de Jérusalem, de Tripoli, d'Antioche et d'Édesse. Ce sont les États latins d'Orient. Les croisés construisent d'immenses châteaux forts en plein désert, les kraks, et fondent des ordres militaires redoutables, formés de moines-soldats comme les Templiers. Signe de l'alliance de la papauté et de la monarchie française, plusieurs rois participent en personne aux croisades comme Louis VII, Philippe Auguste ou Louis IX. Mais leurs succès sont limités.

Après deux siècles de croisades, le bilan militaire et territorial est très modeste, voire nul. Mais ces «pèlerinages en armes» ont permis des échanges multiples entre Orient et Occident du point de vue commercial, technique et culturel.

Le terme de «croisade» n'apparaît qu'à partir du XVe siècle.

AVANT/APRÈS

1095 : le pape Urbain II prêche la croisade.

1099 : les croisés s'emparent de Jérusalem.

1148 : échec des croisés devant Damas.

1187 : Saladin reconquiert Jérusalem.

1204 : les croisés pillent Constantinople.

1270 : le roi Louis IX meurt pendant la huitième croisade.

Soldats de Dieu, les **chevaliers** participent en grand nombre aux croisades. → 11

10 LIEU L'ABBAYE DE CLUNY

QUEL RAYONNEMENT !

Foyer spirituel, intellectuel et artistique, l'abbaye bénédictine est un centre intellectuel de premier plan au Moyen Âge et une véritable multinationale.

Le 11 septembre 910, le duc d'Aquitaine Guillaume Ier le Pieux, autorise douze moines à s'installer sur ses terres de Bourgogne pour fonder une petite communauté. C'est l'acte de naissance de l'abbaye de Cluny dont les membres ont pour vocation de partager leur temps entre la prière et le travail manuel. L'accord prévoit que les moines ont le droit d'élire librement leur abbé et sont sous la protection unique du pape. Une autonomie exceptionnelle à une époque où les communautés monastiques sont placées sous l'autorité intransigeante des évêques et des seigneurs. Les moines mettent à profit cette liberté sous la direction d'abbés brillants comme Odon, Mayeul, Odilon,

Signe de la puissance de l'abbaye, Eudes de Châtillon, l'un des prieurs de Cluny, est devenu pape sous le nom d'Urbain II. En 1095, c'est lui qui appelle la chrétienté à s'unir pour la première croisade.

Comme Odilon de Mercœur (962-1048), qui faisait partie de la famille des comtes d'Auvergne, les abbés

Où ?

Quoi ?
Abbaye médiévale, symbole du renouveau monastique au Xe siècle, détruite à la Révolution (1791)

Quand ?
Construction : 909-1130

à leur tête pendant cinquante-cinq ans, ou Hugues le Grand, qui dirige l'ordre pendant soixante ans. À la lisière entre le nord et le sud de l'Europe, entre royaume de France et Empire germanique, l'abbaye s'agrandit en plusieurs étapes et rayonne vite dans toute l'Europe. Au début du XIIe siècle, à son apogée, Cluny dirige un incroyable réseau de 1 184 maisons, dont 883 en France, 99 en Allemagne et en Suisse, 54 en Lombardie, 31 en Espagne, 44 en Angleterre. Avec près de 10 000 moines, Cluny est surnommée la seconde Rome et attire de très nombreux pèlerins, en raison, en particulier, de son extraordinaire bibliothèque. Plus grande église de la chrétienté avant Saint-Pierre de Rome, elle perd son influence dès le XIIIe siècle. Elle est pillée pendant la Révolution française et transformée en carrière de pierres pour les maisons du village !

de Cluny sont le plus souvent issus de la classe des **nobles.**

QUI S'Y FROTTE S'Y PIQUE

Itinérants ou attachés à un seigneur, vous êtes des personnages redoutés de la France médiévale. Votre spécialité est la bagarre à cheval où vous excellez.

Vers sept ans, vous quittez votre famille pour suivre une formation chez un seigneur ou un chevalier déjà expérimenté. À la fin de l'adolescence, après un long apprentissage, vous recevez votre épée de chevalier qui symbolise les combats à mener. C'est l'adoubement. Chrétien, vous êtes fidèle à Dieu et priez toujours avant de tuer vos ennemis ! Vous êtes aussi fidèle au seigneur à qui vous avez prêté allégeance. Mais certains d'entre vous n'hésitent pas à se mettre au service d'un prince plus fortuné. Romantiques, vous êtes les héros de l'amour courtois, nouveau type de relations amoureuses entre un jeune homme et l'élue de son cœur. La dame est la suzeraine et le chevalier est son vassal.

À l'origine, l'adoubement est une récompense offerte le soir d'une bataille. Au XIIe siècle, il prend un caractère religieux : lors d'une cérémonie codifiée, les chevaliers sont les soldats de Dieu et leurs armes sont bénies.

Jeanne d'Arc est l'une des rares figures féminines de l'histoire associées aux chevaliers. → 14

12

DATE 27 JUILLET 1214 : BOUVINES

UN TRIOMPHE NATIONAL

Philippe Auguste est le premier roi capable de fédérer les chevaliers français pour défendre le royaume. C'est une grande victoire pour le Capétien.

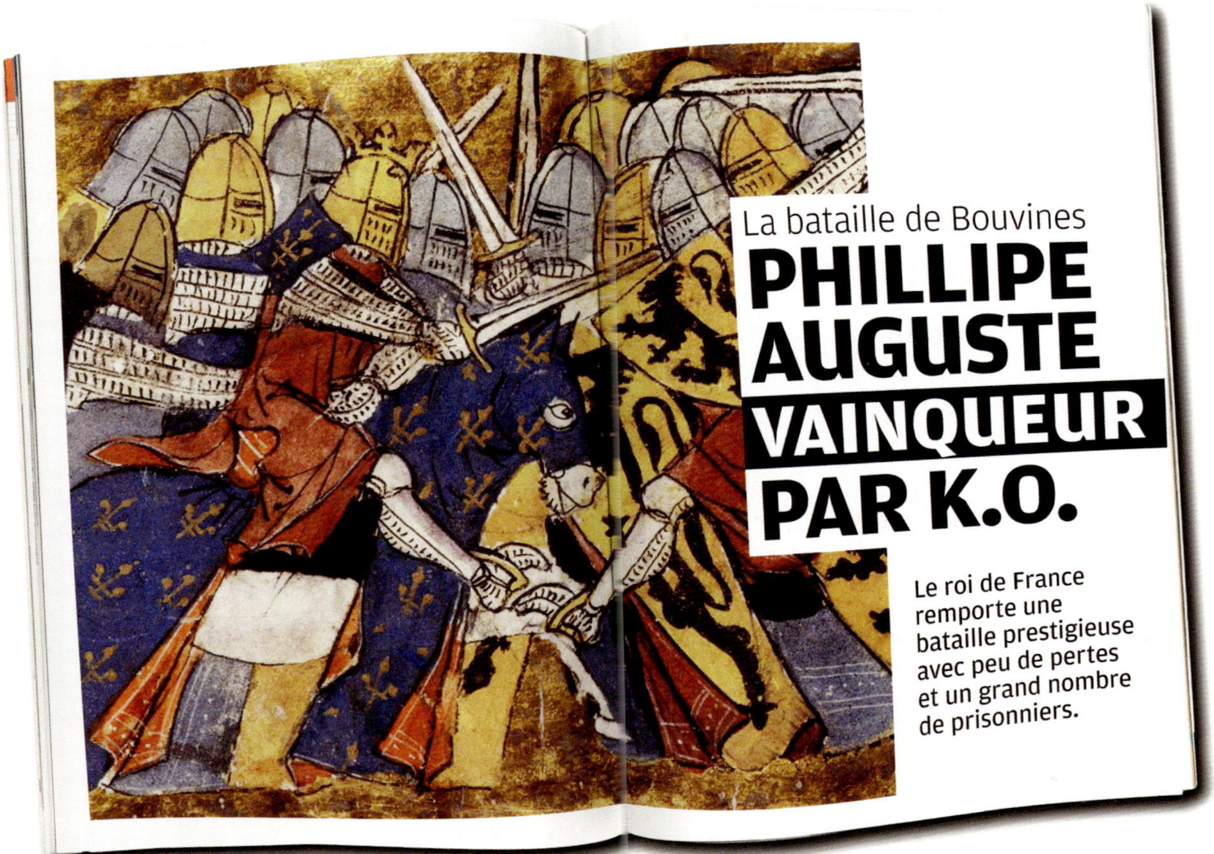

▲ La victoire de Bouvines, donne lieu à six jours de festivités à Paris.

Dans la plaine de Bouvines, en Flandre, les grands vassaux combattent pour la première fois aux côtés du roi de France pour terrasser Otton de Brunswick, empereur d'Allemagne et allié de l'ennemi anglais, le comte de Flandre et le comte de Boulogne. Tombée dans l'oubli, la bataille réapparaît au début du XXe siècle dans les manuels scolaires en tant que «première victoire sur les Allemands». En juillet 1914, le sept centième anniversaire de la bataille est commémoré, quelques semaines avant le début de la Grande Guerre. Mais après le second conflit mondial, le souvenir de la bataille disparaît. C'est le temps d'une Europe rassemblée.

AVANT/APRÈS

1204 : Philippe Auguste chasse les Anglais de Normandie.

1212 : importante défaite des musulmans en Espagne.

1215 : le roi d'Angleterre signe une charte qui limite son pouvoir.

1218 : début de la cinquième croisade.

1239 : Louis IX fait construire la Sainte-Chapelle à Paris.

1241 : les Mongols menacent l'Europe.

Philippe Auguste participe au début de la troisième **croisade** entre 1189 et 1191. → 09

LA SPLENDEUR GOTHIQUE

Haut lieu du christianisme et de la monarchie au côté de Saint-Denis et de Reims, ce monument a été le théâtre d'un grand nombre d'événements de l'histoire de France.

Le jeune souverain anglais Henri VI est couronné roi de France en 1431 à Notre-Dame.

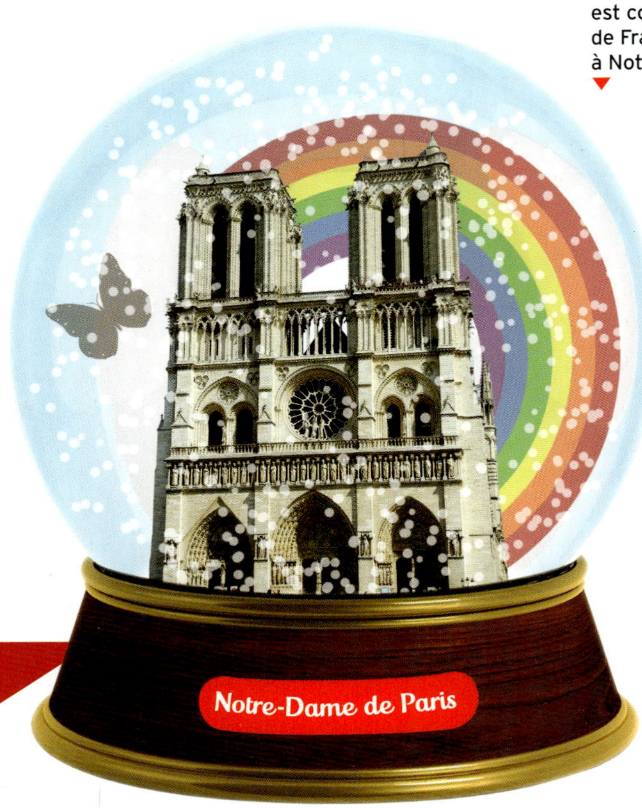

Où ?

Quoi ?
Église catholique, chef-d'œuvre de l'architecture gothique

Quand ?
Construction : 1163-1345

Au XIIe siècle, l'évêque Maurice de Sully entreprend la construction de ce chef-d'œuvre de l'art gothique en plein cœur de la capitale. La pose de la première pierre de la cathédrale est effectuée en 1163 entre les bras de la Seine, en présence du pape Alexandre III. Achevée en 1345, la cathédrale abrite peu d'événements royaux et peine à rivaliser avec Reims jusqu'au sacre de Napoléon Ier, cérémonie immortalisée par Delacroix. En 1831, le roman de Victor Hugo *Notre-Dame de Paris* rencontre un énorme succès et incite le gouvernement du roi Louis-Philippe Ier à restaurer la cathédrale de Paris, complètement délabrée. Cette restauration est confiée à Eugène Viollet-le-Duc qui transforme le monument. Le XXe siècle replace la cathédrale au cœur de la nation avec les messes de la victoire, en 1918, et de la libération de Paris, en 1944, ou lors des funérailles nationales du général de Gaulle.

Henri IV se marie à Notre-Dame cinq jours avant le **massacre de la Saint-Barthélemy.** → 18

14

HÉROÏNE ▶ JEANNE D'ARC (V. 1412-1431)

UNE HÉROÏNE FRANÇAISE

D'origine modeste, Jeanne a sauvé le peuple français de la domination anglaise grâce à son bon sens et à son courage. Un exploit qu'elle a réalisé entre dix-sept et dix-neuf ans.

Vous êtes la femme la plus célèbre de l'histoire de France mais on vous connaît peu.
Je suis née dans une famille paysanne de la Meuse et c'est vrai que rien ne me destinait à jouer ce rôle historique, bref, car il n'a duré que deux ans, mais important.

Qu'avez-vous fait exactement ?
Je l'ai dit à mon procès. Des voix m'ont demandé de libérer la France largement occupée par les Anglais. Le roi Charles VII me confie une armée : je réussis à redonner l'espoir au peuple et à faire sacrer le roi à Reims. Ma fin tragique est mieux connue.

Quand êtes-vous devenue célèbre ?
Dès le XVe siècle, puis je disparais, pour être à nouveau populaire à la fin du XIXe siècle. Les catholiques me choisissent comme figure de résistance face aux anticléricaux et, en 1920, je deviens même sainte !

Tout le monde semble vous aimer ?
Après la défaite de 1871, la gauche me revendique car elle voit en moi une patriote. Mais, au XXe siècle, je deviens l'icône des partis de droite, puis d'extrême droite.

Dans les ▶ représentations, la position de l'épée tenue par Jeanne est souvent liée à l'opinion politique de l'artiste : l'arme brandie pour le combat est préférée par les artistes de gauche alors que les royalistes et les catholiques privilégient l'épée tenue la pointe vers le sol.

Sous l'**État français,** on rappelle que Jeanne voulait bouter les Anglais hors de France. →

LES DEUX PIEDS DANS LA BOUE

C'est un comble ! Sarclage, défrichage, taille, moisson, vendange, vous ne ménagez pas votre peine dans les champs... mais le fruit de votre travail ne vous appartient presque jamais.

À l'exception de Jeanne d'Arc, vous avez été longtemps les oubliés de l'histoire alors que vous formez pendant plus de mille ans les 4/5es de la population française. Selon les régions et les provinces, vous utilisez des techniques agricoles différentes mais vous vivez dans des conditions similaires, le plus souvent misérables. Parfois, vous êtes de simples serfs,

Au Moyen Âge, les paysans divisent leurs parcelles en trois zones. Deux sont cultivées avec des plantes différentes (blé, orge...) et la troisième est laissée en jachère pour que la terre se repose. Et, chaque année, cela tourne.

Les paysans sont protégés par les **chevaliers** qui sont au service de leurs seigneurs, mais ils sont souvent

esclaves du seigneur de génération en génération, logés sous un toit de chaume. Parfois vous devenez vilains, des paysans libres, propriétaires de leurs terres et d'une modeste ferme. Mais vous êtes rarement riches. Car non seulement vous êtes chargés de nourrir toute la population, mais, en plus, vous êtes obligés de payer d'innombrables impôts au roi, au seigneur et au curé ! Sans oublier les taxes exigées pour utiliser le moulin ou le four du château. Quelle que soit votre situation, vous sortez de l'obscurité pour apparaître dans les manuels d'histoire au début de la Révolution. Le 4 août 1789, l'abolition des privilèges vous libère enfin des humiliations et des servitudes seigneuriales.

Autour de l'an mille, l'usage de la charrue révolutionne la vie des paysans car celle-ci permet de retourner la terre plus efficacement que l'araire. La charrue ne sera jamais abandonnée dans les campagnes.

EN FRANÇAIS S'IL VOUS PLAIT !

Pour fédérer ses sujets autour d'une langue unique, le roi François Ier impose l'usage du français dans les actes officiels et de justice. Une décision déterminante pour faciliter la construction de la nation.

Signé par François Ier entre le 10 et le 15 août 1539 dans son château de Villers-Cotterêts, ce long texte de 192 articles instaure plusieurs règles dont deux sont capitales. La première impose l'emploi du français pour tous les actes administratifs. Auparavant, les notaires et les juges utilisaient le latin, source de confusion, et les langues locales. La seconde oblige les curés de chaque paroisse à tenir un registre des naissances: c'est le début de l'état civil. Cette ordonnance révolutionnaire est enregistrée au parlement de Paris, le 6 septembre 1539.

Le texte affirme la prééminence du français mais ne change pas la vie des gens. Une infime partie des sujets du roi sait lire et écrire le «langage maternel françoys».

Jusqu'à l'école obligatoire des **instituteurs de la IIIe République,** beaucoup de Français

Entre 1490 et 1535, plusieurs ordonnances royales avaient également tenté d'imposer le français sans véritable succès.

Ce texte est l'une des premières ordonnances royales imprimées.

ne parlent au quotidien que leur langue régionale. →

17 LIEU CHAMBORD/CHÂTEAUX DE LA LOIRE

DOUCE FRANCE

Au cœur du Val de Loire, paisible jardin de la France de la Renaissance, une guirlande d'une vingtaine de châteaux rappelle le faste de la monarchie française.

Forteresses médiévales, châteaux royaux et demeures Renaissance, les rives de la Loire sont devenues des hauts lieux de l'histoire de France en raison d'une terrible défaite. À cause de la bataille d'Azincourt, en 1415, le roi Charles VII a dû se retirer en Touraine, région hérissée de plusieurs forteresses, pour échapper à ses ennemis anglais. Réfugiée par obligation, la noblesse française est séduite par la douceur du climat local et la beauté éclatante des paysages du Val de Loire. Itinérante, la Cour réside successivement à Loches, Amboise ou Blois. Pendant plusieurs siècles, la région cultive l'«art de vivre à la française» et s'embellit de palais raffinés inspirés par la Renaissance italienne.
Le cœur de la monarchie bat pendant près de deux siècles dans le Val de Loire. Au cœur d'un immense parc, Chambord est le plus grand des châteaux de la Loire avec ses 440 pièces et 365 cheminées.

Le château de Chambord a été commandé par François Ier à un architecte inconnu, mais le roi n'y passera que quarante-deux jours au total !

Où ?

Quoi ?
Château royal de la Renaissance
Quand ?
Construction : 1519-1547 (François Ier)

Quand il impose l'**ordonnance de Villers-Cotterêts,** François Ier a déjà quitté la région. → 16

MARIAGE SANGLANT

L'union entre le jeune Henri de Navarre et Marguerite de Valois semblait sceller la paix entre les protestants et les catholiques : elle va relancer la guerre civile.

▲ La reine-mère est représentée sur ce tableau (au fond à gauche), regardant les cadavres des protestants dans la cour du Louvre.

Alors que les principaux princes protestants sont à Paris pour le mariage d'Henri de Navarre et de Marguerite de Valois, sœur du roi Charles IX, le jeune souverain ordonne de les massacrer. Probablement influencé par sa mère, Catherine de Médicis, le roi a cédé au puissant parti catholique. Certains chefs protestants parviennent à s'enfuir, mais il y a plus de trois mille morts à Paris, dont l'amiral Gaspard de Coligny. Déclenché dans la capitale, le massacre se poursuit en province jusqu'en octobre et la guerre civile va durer jusqu'en 1598. Parvenu au pouvoir, Henri IV accorde par l'édit de Nantes la liberté religieuse à ses sujets et leur impose de vivre en paix.

AVANT/APRÈS

1517 : Luther dénonce les travers du catholicisme.

1562 : massacre de Wassy, début des guerres de Religion.

1593 : Henri IV se convertit au catholicisme pour devenir roi.

1598 : l'édit de Nantes reconnaît la liberté de culte aux protestants.

1685 : Louis XIV interdit le protestantisme dans le royaume de France.

1802 : Napoléon rétablit définitivement le culte protestant.

Henri IV est le grand-père de **Louis XIV**, souverain qui révoquera l'édit de Nantes. → 21

19 **TERRITOIRE** LA CONSTRUCTION DE LA FRANCE

UN PUZZLE INTERMINABLE

Pendant des siècles, les souverains français vont agrandir le royaume. Pièce par pièce, ils construisent un territoire qui devient au XVIIIe siècle très proche de la France d'aujourd'hui.

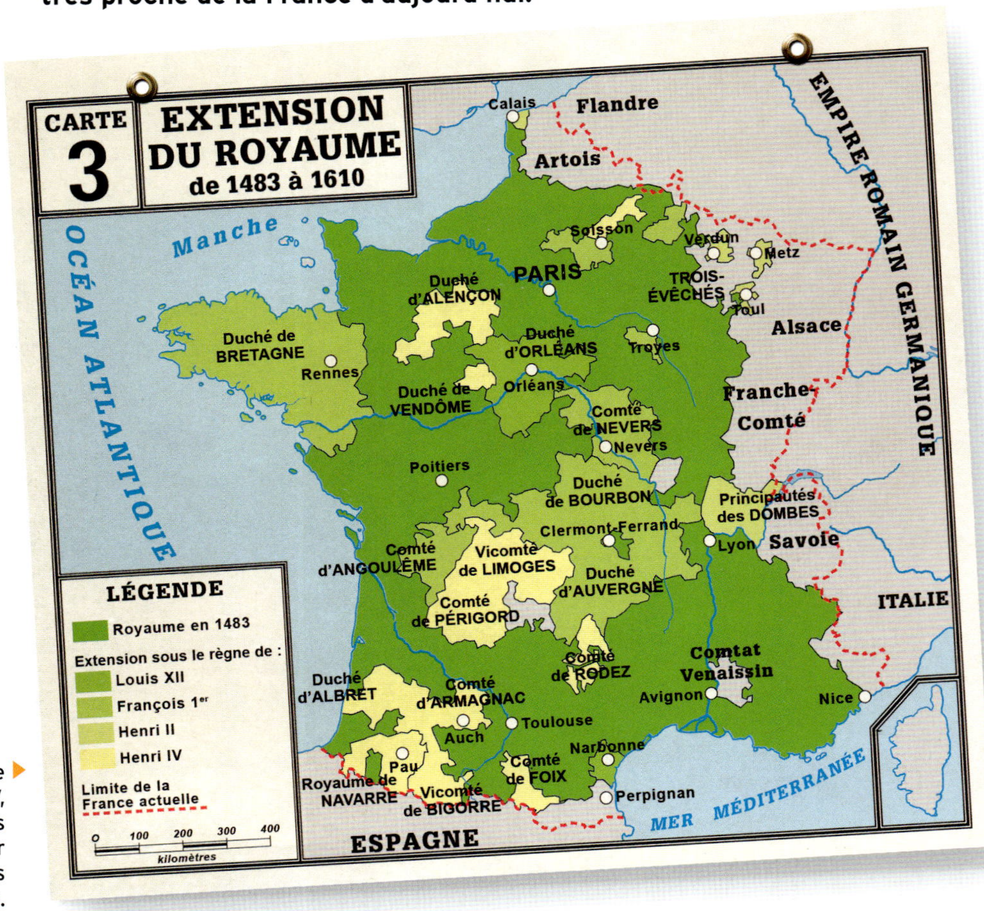

À partir du règne de Louis XIV, les zones frontières sont protégées par des fortifications importantes.

Par ses conquêtes, ses mariages et ses héritages, la monarchie capétienne joue un rôle très important dans la réunion des différentes provinces françaises. Avant le XVe siècle, une grande partie de la France actuelle n'est pas encore sous l'autorité des rois: le cœur du pays (duché d'Auvergne, duché de Bourgogne, comté d'Orléans...), une partie du Sud-Ouest (vicomté de Béarn, Roussillon...), le duché de Bretagne, à l'ouest, et la presque totalité de l'Est (Alsace, Lorraine, Bresse...). De la fin du XVe siècle à la fin du XVIIIe, le royaume ne cesse de s'élargir sur ses frontières européennes, mais aussi avec les provinces de la «Nouvelle France» en Amérique et en Asie. La construction de la France est longue: à l'est de l'Hexagone, la région de Nice et la Savoie sont les deux derniers territoires rattachés définitivement à la France métropolitaine, en 1860.

Possession espagnole, la Franche-Comté devient française sous le règne de **Louis XIV.** →

20

SYMBOLE **LA FLEUR DE LIS**

UN EMBLÈME VRAIMENT ROYAL

Rappel du caractère sacré de la monarchie française, cette jolie plante fleurit sur les drapeaux, les palais ou les vêtements royaux. Forcément, elle n'est pas du goût des républicains !

Symbole de fertilité dans les civilisations assyriennes de l'Antiquité, associée pour sa pureté à la Vierge Marie par les chrétiens, cette fleur dorée sur fond d'azur est adoptée par la monarchie française à partir du XIIe siècle. Ce choix fait de la mère de Dieu la protectrice des rois et accentue leur caractère divin. La fleur de lis apparaît pour la première fois sur le sceau du prince Louis, futur Louis VIII, fils du roi Philippe Auguste, puis elle décore les écus, les bannières, les vêtements ou les palais des rois. Image monarchique par excellence, elle devient bien sûr la cible des révolutionnaires : la flèche de la Sainte-Chapelle de Paris est abattue au mois d'août 1793 parce qu'elle est ornée de «L» majuscules pour Louis et fleurs de lis.

La fleur de lis n'est pas réservée aux rois : au Moyen Âge, elle est l'une des figures les plus courantes sur les armoiries des grandes familles européennes.

La fleur de lis est choisie par les successeurs d'**Hugues Capet** → 08

21 HÉROS LOUIS XIV (1638-1715)

LE ROI DES ROIS

Petit-fils d'Henri IV, le Roi-Soleil achève, entre 1643 et 1715, la mise en place d'un pouvoir monarchique fort s'appuyant sur un État centralisé.

Louis XIV était un excellent danseur et un bon guitariste ! Il n'hésitait pas à se donner en spectacle devant un public de privilégiés.

Avec le **massacre de la Saint-Barthélemy,** la révocation de l'édit de Nantes est le deuxième

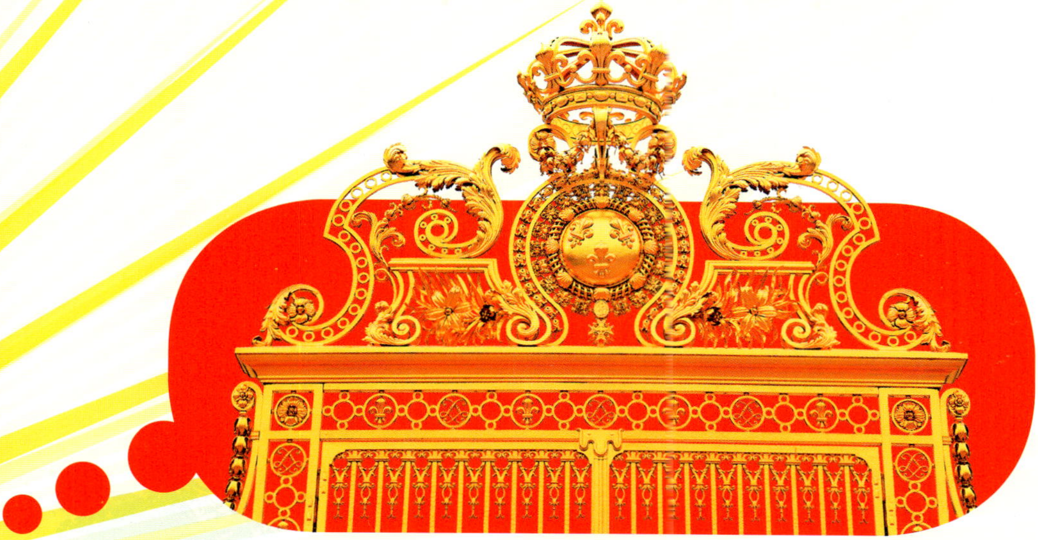

Sire, votre règne a été l'un des plus longs de l'histoire de France.

Et même le plus long ! C'est que j'ai perdu mon père très jeune et que je suis devenu fort vieux. Ce qui m'a causé aussi bien des peines. J'ai perdu presque toute ma descendance. Mon successeur sur le trône a été mon arrière-petit-fils !

Vous avez renforcé le pouvoir royal.

Ce pouvoir m'a été transmis par ma naissance et par la volonté de Dieu. Il était de mon devoir de le préserver, d'autant plus que les grands du royaume ont tenté de prendre ma place quand j'étais enfant.

Vous avez réussi à les dompter.

C'est vrai, avec des titres, un logement à Versailles et quelques invitations à mes grandes fêtes, je pouvais les surveiller très facilement.

Vous avez aussi été très autoritaire sur le plan religieux.

J'ai simplement joué mon rôle de chef de l'Église catholique. En signant en 1685 la révocation de l'édit de Nantes, j'ai rendu à la France sa religion naturelle, car un pays ne doit avoir qu'une seule religion. Les protestants ont dû se convertir ou émigrer.

Les Français ont aussi beaucoup souffert à cause de vos guerres et de votre amour de l'art.

Je suis conscient de leurs souffrances mais chacun se doit de participer à la grandeur de la France. Certes cela a coûté très cher au royaume mais, dites-moi, quel château a davantage servi le prestige de la France que Versailles ?

LE SAVIEZ-VOUS ?

Très fier de son château, Louis XIV a écrit un ouvrage : *Manière de montrer les jardins de Versailles,* pour guider les visiteurs à travers les bosquets et les fontaines.

acte majeur de l'intolérance du pouvoir catholique vis-à-vis des protestants.

DU BEAU LINGE

Par le simple fait de naître dans votre famille, vous avez beaucoup plus de droits que la grande majorité des Français ! Mais il est difficile de vous caractériser, vous êtes tous différents.

Quelle chance ! Des métiers vous sont réservés, vous ne payez pas d'impôts et vous avez de nombreuses ressources grâce à vos paysans et à vos biens. Mais vous avez aussi le devoir de servir le roi et de protéger la population. Second ordre du royaume après le clergé, vous n'avez pas tous de beaux châteaux et de grandes fortunes mais votre place dans la société française est très enviable. Forcément, la plupart d'entre vous refusent toute évolution et les plus frondeurs essaient même de renverser le pouvoir royal. Pour se protéger, Louis XIV vous enferme habilement dans une cage dorée, à Versailles, où votre seul rôle est de plaire au souverain. Vous tenez à conserver vos privilèges, mais l'immense majorité de la nation aspire à l'égalité sociale. Après avoir dominé la société française pendant des siècles, vous n'allez pas tarder à subir la colère des révolutionnaires.

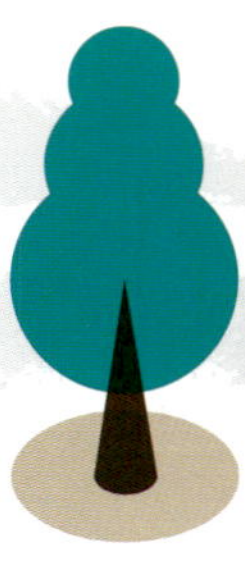

La noblesse est un ordre très hiérarchisé. Chaque famille est classée selon son ancienneté, ses titres et sa fortune. Certains nobles roulent en carrosse et d'autres, en charrette !

Au XIXe siècle, certains nobles ruinés marient leur fille à de riches **bourgeois.** →

UN DICTIONNAIRE ÉCLAIRÉ

Illustrée et raisonnée, l'*Encyclopédie* diffuse les idées des philosophes des Lumières et lutte contre les préjugés. Menée par Denis Diderot et Jean d'Alembert, sa publication s'étend de 1751 à 1772.

L'*Encyclopédie* ou Dictionnaire raisonné des sciences, des arts et des métiers est un ouvrage de vulgarisation rédigé dans l'esprit des Lumières et comportant 68 000 articles. «Pour faire changer la façon commune de penser», Montesquieu, Voltaire, Rousseau, Condorcet et près de deux cents auteurs cherchent à exposer les connaissances par une réflexion fondée sur la raison et l'étude de la nature. L'ambition de Diderot, initiateur du projet, est de rendre les hommes plus instruits et donc «plus vertueux et plus heureux». Plusieurs fois interdite de publication, menacée par la censure, critiquée par les autorités religieuses, l'*Encyclopédie* est publiée en grande partie clandestinement.

Diderot a écrit personnellement 6 000 articles de l'Encyclopédie.

Malgré la censure, 25 000 exemplaires de la première édition sont vendus en Europe avant la Révolution. L'esprit des Lumières est en marche.

L'*Encyclopédie* présente des lieux comme l'**abbaye de Cluny.** → 10

24 LIEU VERSAILLES

LE PALAIS SOLEIL

Monument exceptionnel, ce haut lieu de pouvoir est le symbole de la monarchie absolue. Château des rois, Versailles est aussi le roi des châteaux : il accueille chaque année plus de trois millions de visiteurs.

Lieu de parade et de réception, le château de Versailles est un monument gigantesque qui compte plus de 2 000 pièces !

Où ?

Quoi ?
Résidence royale puis musée

Quand ?
Résidence royale : 1682-1789 (Louis XIV) (Louis XIV - Louis XVI)

Édifié à partir du modeste pavillon de chasse de Louis XIII, le château de Versailles est agrandi et embelli par Louis XIV. Après y avoir organisé des fêtes extraordinaires, le Roi-Soleil y installe la Cour et le gouvernement en 1682, abandonnant le Louvre et le château de Saint-Germain-en-Laye. Versailles est la capitale du royaume et le phare de l'Europe jusqu'en 1789. L'élite de la France y est réunie pour le bon plaisir du roi, alors au sommet de sa gloire et de sa puissance. Selon les jours, 3 000 à 10 000 personnes viennent y former une société très hiérarchisée. Mais ce lieu de pouvoir est aussi, à ses heures, un palais républicain.
Les parlementaires de la jeune IIIe République y siègent de 1871 à 1879, avant de revenir à paris, au Palais-Bourbon et au palais du Luxembourg. Puis le château a servi de cadre à l'élection des présidents de la République jusqu'en 1958. Il accueille enfin sous la Ve République les députés et les sénateurs, réunis en Congrès pour adopter les modifications de la Constitution.

En 1871, l'Empire allemand naît à Versailles. C'est le temps de la **France amputée.** → 40

LES ÉCLAIREURS

Sous l'Ancien Régime, les paysans travaillent, les chevaliers combattent, les clercs prient et vous pensez. Grâce à vous, la France joue un grand rôle dans l'évolution du savoir et de la littérature.

Écrivains, poètes, penseurs, vous combattez l'intolérance religieuse et défendez le droit des hommes au bonheur. Dès la première moitié du XVIIIe siècle, vous diffusez partout en Europe vos idées nouvelles éclairées par la raison. Dans vos livres, vous écrivez qu'il faut oser penser par soi-même pour sortir de l'obscurité des préjugés. Vous aimez discuter de liberté, d'égalité ou de tolérance dans les salons, les cafés ou les académies. Grâce à vous, le savoir se diffuse ! Vous accueillez en France les grands esprits et savants de votre époque et certains d'entre vous sont invités dans les cours royales comme conseillers spéciaux ! Votre rôle est considérable dans le domaine de la pensée politique. Vos idées ont en effet largement inspiré les débats qui ont précédé l'indépendance des États-Unis et la Révolution française.

Les principaux diffuseurs des idées des Lumières sont Montesquieu, Voltaire, Diderot et Rousseau en France, mais aussi John Locke et Isaac Newton en Grande-Bretagne.

L'***Encyclopédie***, chef-d'œuvre des Lumières, rassemble les connaissances de l'époque. → 23

DES PLAINTES ET DES PROPOSITIONS

Rédigés par les électeurs des trois ordres en mars et avril 1789, ces cahiers expriment les revendications que le peuple souhaite voir aborder lors des états généraux qui s'ouvrent à Versailles.

Chaque ordre se réunit et rédige localement ses propres cahiers, parfois à partir de modèles. Ceux du tiers état sont préparés dans les villes, les paroisses et les associations de métiers, puis synthétisés au niveau local. Ils dénoncent les abus de la féodalité, le poids des impôts et les dérives de l'administration royale. Mais, le plus souvent, ils manifestent un attachement au roi. Les cahiers de la noblesse envisagent une Constitution mais montrent l'attachement de ses membres à leurs privilèges. Les cahiers du clergé sont unanimes pour maintenir le catholicisme comme seule religion d'État mais révèlent des tensions entre les évêques privilégiés et les pauvres curés de paroisse. Le 5 mai 1789, 1 139 représentants apportent les 60 000 cahiers de doléances à Versailles.

Certains cahiers de doléances sont imprimés.

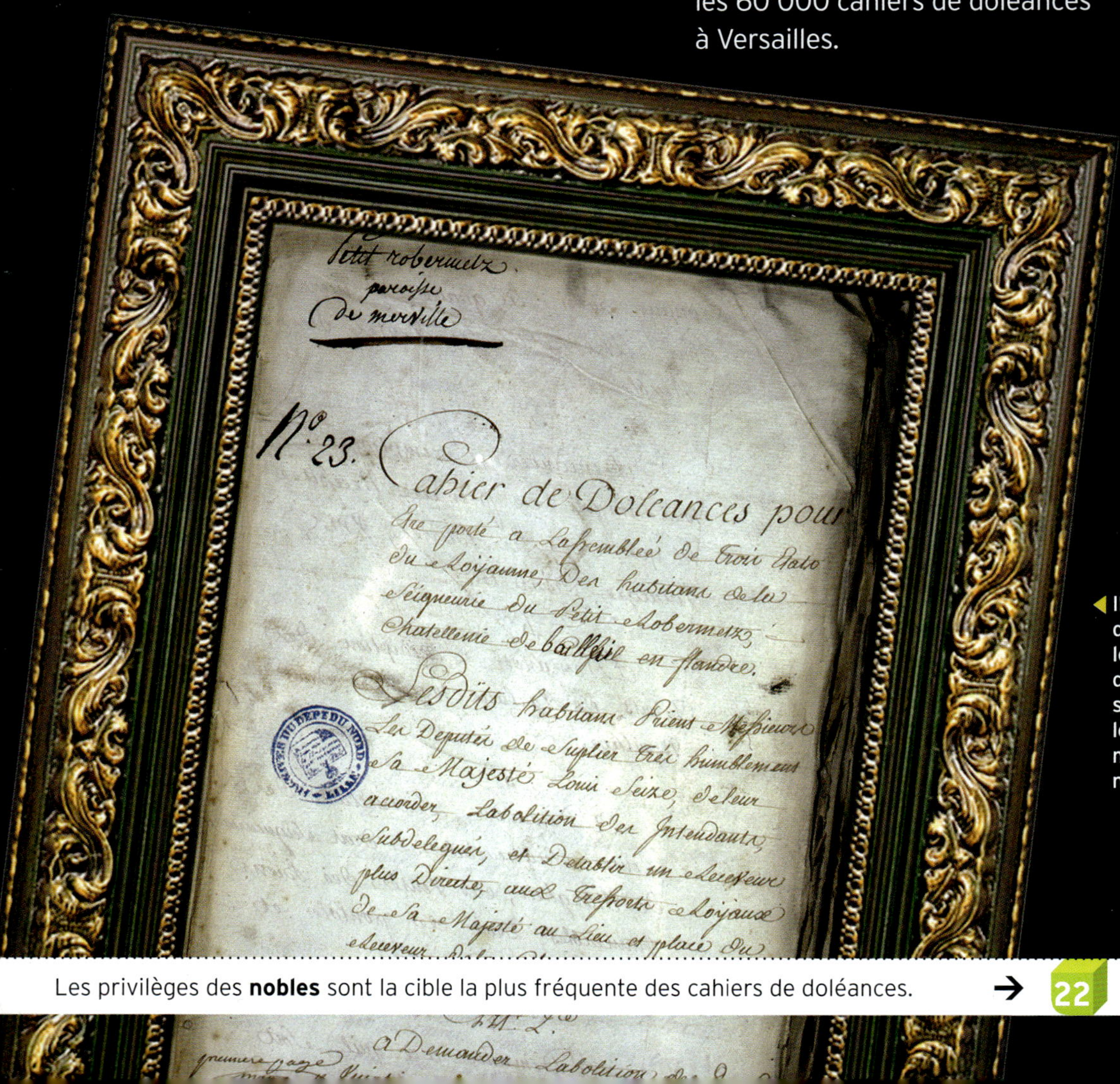

Il avait été demandé que les cahiers de doléances soient signés par leurs auteurs mais certains ne le sont pas.

Les privilèges des **nobles** sont la cible la plus fréquente des cahiers de doléances. → 22

27 **DATE** 14 JUILLET 1789 : PRISE DE LA BASTILLE

CHUTE D'UN SYMBOLE

La prison parisienne est prise d'assaut par les émeutiers. C'est la fin de l'Ancien Régime et le début de la Révolution française.

Alors que les états généraux se déroulent à Versailles, le roi Louis XVI fait masser vingt mille soldats autour de la capitale pour calmer l'agitation parisienne. Soupçonnant une intervention militaire, le peuple réclame des armes au gouverneur de la Bastille, une forteresse qui domine l'est de Paris. Après avoir commencé par négocier, le gouverneur de Launay fait tirer sur la foule avant de se rendre. Il est immédiatement massacré avec d'autres défenseurs de la Bastille. Leurs têtes sont fichées au bout de piques et promenées triomphalement dans les rues de la capitale. Ce rituel macabre est le symbole du basculement de la Révolution dans la violence. Les grands personnages du royaume s'affolent. Le 17 juillet, le comte d'Artois, frère du roi et futur Charles X, quitte Versailles et sonne le départ de l'émigration.

AVANT/APRÈS

- 1788 : convocation des états généraux.
- 1792 : prise des Tuileries : le roi est prisonnier.
- 1793 : Louis XVI est guillotiné.
- 1793 : régime de la Terreur.
- 1794 : Robespierre est guillotiné.
- 1799 : Bonaparte devient Premier consul.

En 1880, le 14 Juillet est déclaré fête nationale par le gouvernement de la IIIe République.

Le roi Louis XVI n'est averti de la prise de la Bastille que le lendemain, à **Versailles.** → 24

L'INCORRUPTIBLE

Figure emblématique de la Révolution française, acteur de la Grande Terreur, l'avocat Maximilien de Robespierre est prêt à tout sacrifier, y compris sa vie et celle des autres, pour ce combat qu'il estime juste.

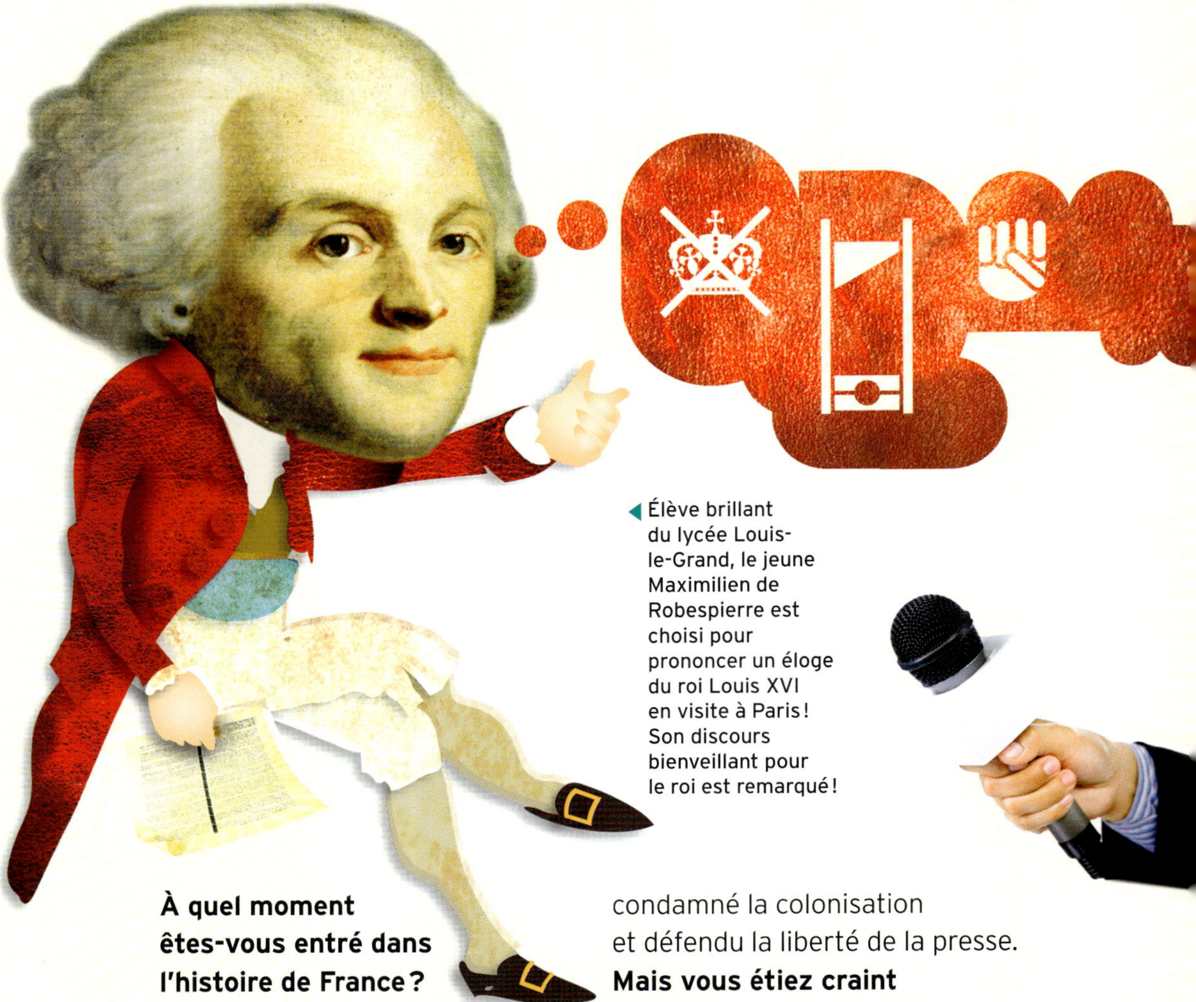

Élève brillant du lycée Louis-le-Grand, le jeune Maximilien de Robespierre est choisi pour prononcer un éloge du roi Louis XVI en visite à Paris ! Son discours bienveillant pour le roi est remarqué !

À quel moment êtes-vous entré dans l'histoire de France ?
Juste avant la Révolution française. J'étais alors avocat à Arras et j'ai été élu aux états généraux pour le tiers état. Je suis devenu le principal dirigeant du club des Jacobins qui joua très vite un rôle important pendant la Révolution.

Certains vous considèrent comme un héros.
Mes combats étaient justes. J'ai défendu l'abolition de l'esclavage, le suffrage universel et l'égalité des droits. J'ai aussi condamné la colonisation et défendu la liberté de la presse.

Mais vous étiez craint pour votre intransigeance.
C'est vrai. On m'a même surnommé «l'Incorruptible» et j'en suis fier.

Pour beaucoup, vous restez le symbole de la Terreur et un monstre sanguinaire.
Ces gens ne me connaissent pas. Évidemment, j'ai pris, avec d'autres, des décisions terribles qui ont mené des centaines de femmes et d'hommes à la guillotine. Mais «vouliez-vous une révolution sans révolution» ?

Dès 1790, il est le premier à évoquer la devise **«Liberté, Égalité, Fraternité».**

SYMBOLE ▶ LA MARSEILLAISE

29

AUX ARMES CITOYENS !

Au printemps 1792, alors que la France entre en guerre contre la Hongrie et ses alliés prussiens, un chant révolutionnaire s'impose progressivement comme hymne national.

Le *Chant de guerre pour l'armée du Rhin* est écrit par le capitaine Rouget de Lisle (1760-1836) à la demande du baron Philippe Dietrich, maire de Strasbourg. En quelques heures, dans la nuit du 25 au 26 avril 1792, il compose cet hymne pour exalter le courage des volontaires qui s'apprêtent à partir au combat. Le succès, en Alsace est immédiat mais ce sont les révolutionnaires du bataillon des fédérés de Marseille, venus à Paris manifester au mois d'août, qui vont le faire connaître dans toute la France. Surnommé alors «hymne des Marseillais» puis «Marseillaise», ce chant imaginé par un bourgeois est alors adopté par le peuple révolutionnaire et chanté au pied de la guillotine le jour de la mort de Louis XVI. Proscrite sous la Restauration et les deux empires, choisie comme hymne en 1879, *la Marseillaise* devient véritablement le chant de l'unité nationale à partir de la Première Guerre mondiale.

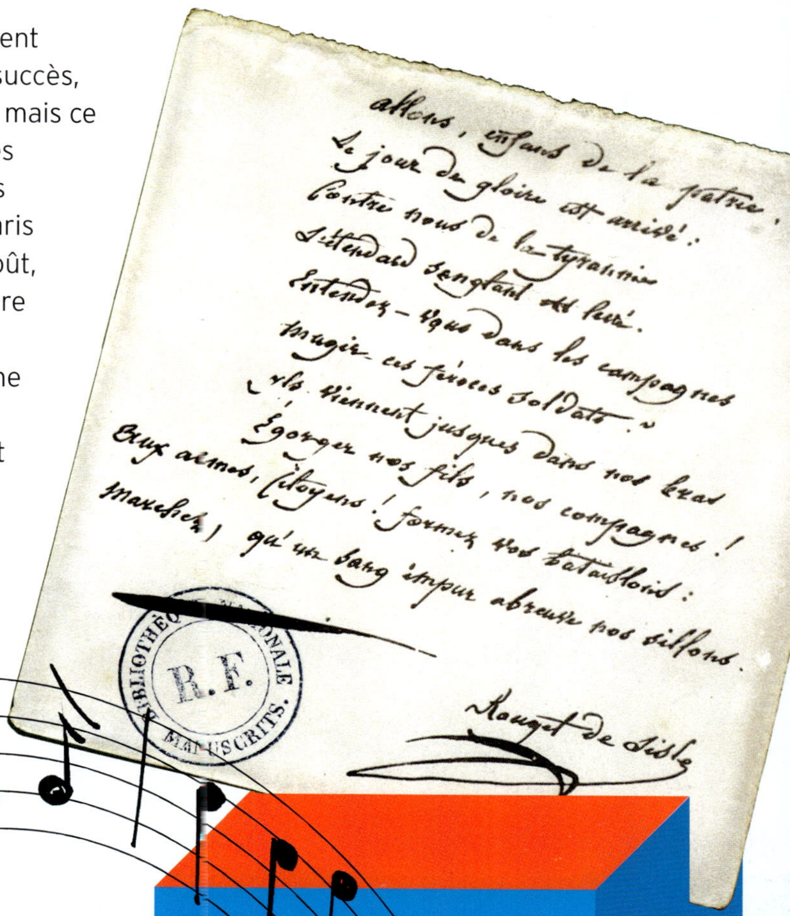
allons, enfans de la patrie,
Le jour de gloire est arrivé:
Contre nous de la tyrannie
L'étendard sanglant est levé.
Entendez-vous dans les campagnes
mugir ces féroces soldats?
Ils viennent jusques dans nos bras
Egorger nos fils, nos compagnes!
aux armes, citoyens! formez vos bataillons:
marchez, qu'un sang impur abreuve nos sillons.

Rouget de Lisle

R.F. MANUSCRITS

Initiateur de *la Marseillaise* ▶ et premier homme à l'avoir chantée, le maire de Strasbourg a été condamné à mort par le tribunal révolutionnaire et guillotiné le 29 décembre 1793 à Paris.

Le général de Gaulle aimait chanter *la Marseillaise* à la fin de ses discours.

30 LA FRANCE NAPOLÉONIENNE DÉPARTEMENTALISÉE

Dès le début de la Révolution, les députés organisent le territoire français en le divisant en départements.

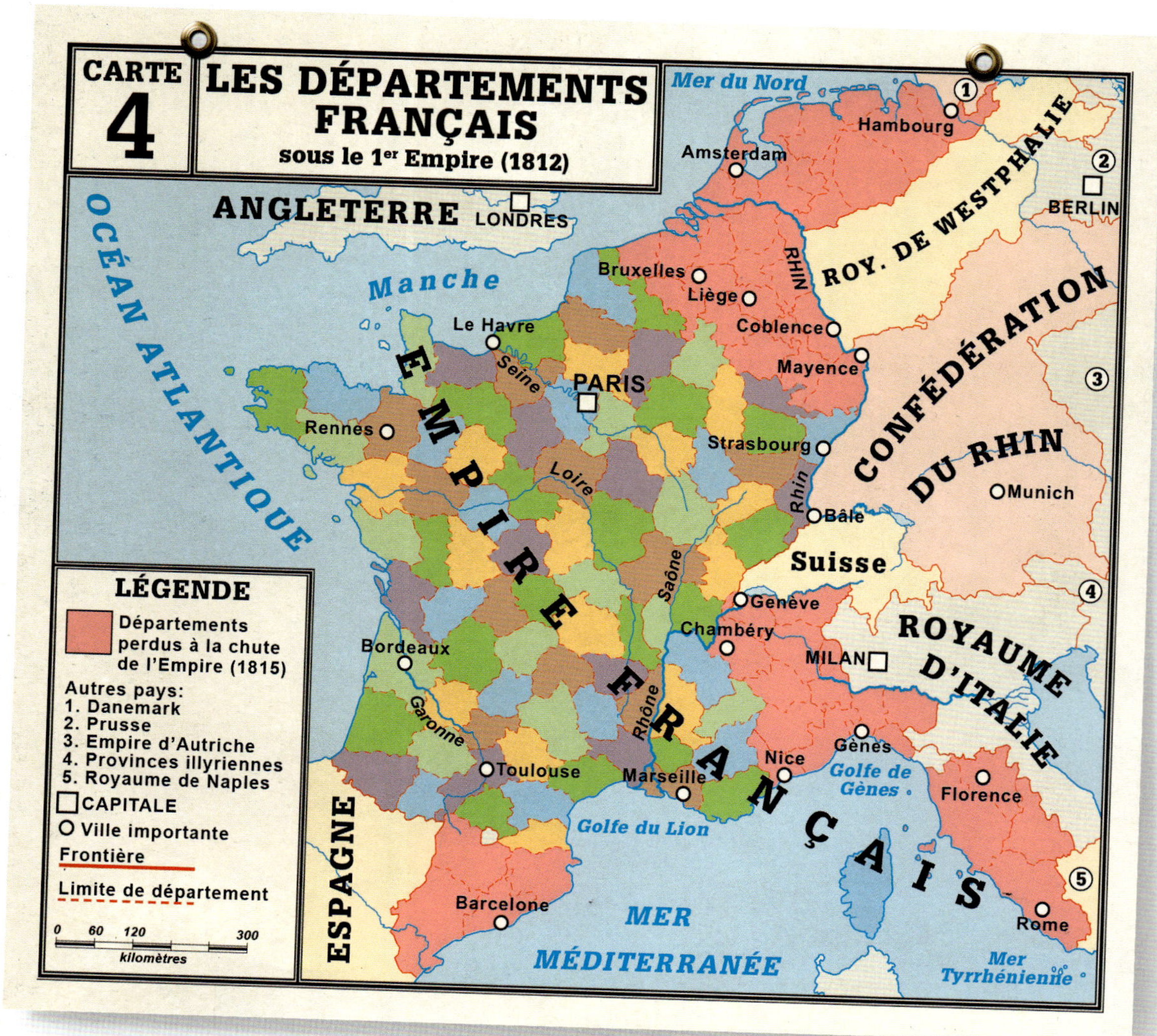

À l'origine, il avait été envisagé par les députés de créer des départements parfaitement carrés.

À partir de 1790, pour simplifier l'organisation territoriale de l'Ancien Régime en entités fiscales, religieuses et militaires, le département devient la base de la représentation politique et administrative de la France. Ce petit territoire est idéal pour établir un mode électoral égalitaire (chaque département désigne le même nombre de députés) et peut être contrôlé par un représentant du pouvoir parisien. Quelques années plus tard, le département sera une pièce capitale dans l'organisation du grand empire créé par Napoléon en Europe. Chaque région conquise par les troupes de l'Empereur est découpée en départements comme la Belgique, les Pays-Bas ou la Catalogne espagnole. La France compte alors cent trente départements.

Victor Hugo est élu plusieurs fois député du département de la Seine. →

VRAIMENT RÉVOLUTIONNAIRE

Inspiré par la philosophie des Lumières et la Déclaration de l'indépendance des États-Unis d'Amérique, ce texte signe le début d'une ère nouvelle.

Dans la nuit du 4 au 5 août 1789, l'abolition des privilèges marque la fin de l'Ancien Régime : tous les citoyens disposent des mêmes droits et des mêmes devoirs. Conséquence de cette première étape, les députés souhaitent adopter une déclaration solennelle, préface à leur future Constitution. Votée après de longs débats le 26 août 1789, elle affirme les « droits naturels et imprescriptibles » de l'homme et de la nation : liberté, égalité, propriété, souveraineté nationale, séparation des pouvoirs. Sous la pression de l'Assemblée et du peuple accouru à Versailles, Louis XVI la ratifie le 5 octobre. Aujourd'hui encore, elle est invoquée chaque jour dans le monde !

La Déclaration de 1789 figure en préambule de la Constitution.

Contrairement à la **devise française,** la Déclaration n'évoque pas la fraternité. → 42

LE PALAIS MUSÉE

Ancienne résidence royale, le Louvre n'est plus le centre politique du pays depuis longtemps. Mais l'évolution de ce palais devenu musée, comme la plupart des œuvres qu'il expose, en font une vitrine unique de l'histoire de la France.

Solide forteresse au temps de Philippe Auguste (1204) inquiet de la menace anglaise, puis demeure royale raffinée, ce palais des bords de Seine a été embelli par François Ier, agrandi par Henri IV et somptueusement transformé par Louis XIV. Délaissé par le Roi-Soleil pour la splendeur du château de Versailles, le Louvre se métamorphose sous la Révolution en musée d'art. En 1793, le Muséum central des arts ouvre ses portes au public dans la Grande Galerie et le salon Carré avant que les peintures et les sculptures

De nombreux chefs-d'œuvre comme *les Noces de Cana* de Véronèse ont été rapportés

n'envahissent d'année en année la majeure partie du bâtiment. Le pouvoir quitte définitivement le Louvre à la fin du XIXe siècle, après l'incendie du palais des Tuileries, résidence royale puis impériale. Le plus grand palais d'Europe se voue alors essentiellement à la culture. À l'origine écrin de l'art français, le Louvre abrite les collections de la monarchie déchue, en grande partie celles de François Ier et de Louis XIV, mais aussi des œuvres issues des conquêtes napoléoniennes et d'innombrables acquisitions datant du second Empire et de la IIIe République. Le musée est aujourd'hui tourné vers le monde entier avec ses huit départements (antiquités orientales, égyptiennes, grecques, étrusques et romaines, arts de l'Islam, sculptures, objets d'art, peintures et arts graphiques). Chaque année, près de neuf millions de personnes visitent ce lieu symbolique de l'histoire de France.

Le musée expose 35 000 œuvres en permanence dans 60 600 m^2 de salles. Plus de 400 000 œuvres sont placées dans les réserves.

Où ?

Quoi ?
Château fort, résidence royale puis musée

Quand ?
Résidence royale : 1360 (Charles V)
Musée : 1792
Pyramide : 1988

des campagnes militaires au temps de la **France napoléonienne.** → 30

TEXTE 33 — LE CODE CIVIL

LE LIVRE DE LA LOI

Modèle de législation au rayonnement mondial, le Code Napoléon organise la vie des Français depuis plus de deux siècles. L'essentiel de son contenu initial est encore en vigueur.

Le 21 mars 1804, le Premier Consul Napoléon Bonaparte promulgue le «code civil des Français», élaboré sous son impulsion. Avant son adoption, sous l'Ancien Régime, chaque région avait des lois propres, inspirées des coutumes locales. Les Français n'étaient donc pas jugés partout de la même façon. Cette unification des lois et des droits, voulue par le futur empereur, a été réalisée en trois ans. Le code civil des Français va inspirer d'innombrables législateurs en Europe et dans le monde.

Au début de la Révolution, le projet de rédiger un code commun à tous les citoyens est envisagé puis abandonné.

Exilé à Sainte-Hélène, l'Empereur déclare: «Ma vraie gloire, ce n'est pas d'avoir gagné quarante batailles; Waterloo effacera le souvenir de tant de victoires. Ce que rien n'effacera, ce qui vivra éternellement, c'est mon code civil.»

Le code civil est introduit dans la plupart des pays composant la **France coloniale.** → 47

DRESSÉ SUR SES ERGOTS

Le roi de la basse-cour a surpassé tous les autres animaux. Plus fort que le porc-épic de Louis XII ou la salamandre de François Ier, le coq est devenu le symbole des Français.

Les Romains ont été les premiers à associer les Gaulois et le coq, désignés sous le même nom latin de *gallus*. Puis la comparaison avec le coq est utilisée par les rois d'Angleterre à la fin du XIIe siècle pour ridiculiser les souverains français qu'ils jugent sots comme une volaille ! Ignorant ces moqueries, les Français vont adopter comme emblème le coq à la fin du Moyen Âge. Il n'a pas la noblesse du léopard anglais ou de l'aigle allemande mais il montre un courage sans faille et se bat bec et ongles. Très populaire sous la Révolution, le coq fait son apparition sur les pièces de monnaie qu'il décore jusqu'en 1958. Politiquement neutre, il est apprécié par les républicains laïcs comme par les chrétiens qui le placent au sommet des églises.

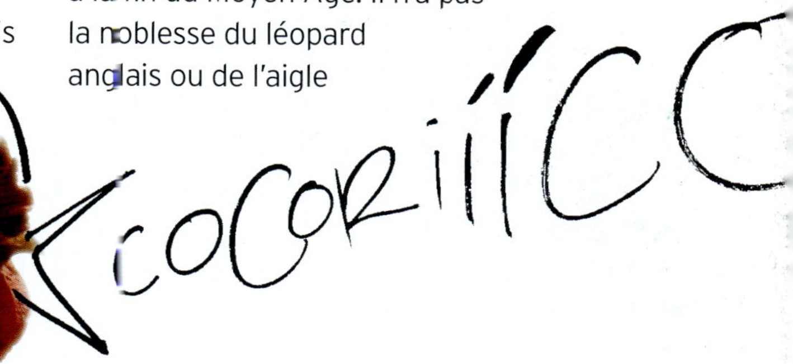

Une des grilles du parc du palais de l'Élysée est surmontée d'un coq flamboyant aux ailes déployées, placé au-dessus d'un écu orné des lettres RF (République française).

En 1914-1918, la combativité du coq est associée à celle des **poilus**. → 51

35 **HÉROS** VICTOR HUGO (1802-1885)

LE GÉANT ENGAGÉ

Génie populaire, grande figure du XIXᵉ siècle, ce romancier, à l'œuvre foisonnante, également poète officiel de la République et homme politique, est un humaniste qui se bat pour la justice sociale.

Monsieur Hugo, êtes-vous un artiste ou un homme politique ?
Les deux. Et depuis toujours. Le chemin a été long et j'ai beaucoup changé d'avis : d'abord royaliste, je suis devenu républicain au milieu du siècle.
Au moment du second Empire ?
Juste avant. J'ai d'abord soutenu la candidature de Louis Bonaparte à l'élection présidentielle avant de me rendre compte de mon erreur. Ce réactionnaire a montré son vrai visage avec son coup d'État du 2 décembre 1851.
Vous l'appelez Napoléon le Petit.
C'est un empereur de pacotille. Neuf jours après son coup de force, je quitte la France pour un long exil. Je suis de retour en France en 1870, au lendemain de la chute de l'Empire.
Mais, même en exil, vous n'avez jamais cessé de vous battre pour vos idées.
La France n'était pas celle que vous connaissez aujourd'hui. Il fallait se battre pour une meilleure justice sociale, pour l'abolition de la peine de mort, ce « meurtre judiciaire », et aussi pour défendre la cause des femmes !
C'est-à-dire ?
À mon époque, « il y a des citoyens, il n'y a pas de citoyennes ». C'est intolérable. Pour toutes ces raisons, il fallait que ma voix porte, même si je n'escomptais pas de résultats immédiats. Comme je l'ai écrit, « n'être pas écouté, ce n'est pas une raison pour se taire ».
Ce n'est pas votre cas, vous êtes entré dans la légende de votre vivant.
Disons que mes combats m'ont rendu populaire… Le jour de mes obsèques, deux millions de personnes m'accompagnent jusqu'au Panthéon. Un bel hommage, non ?

LE SAVIEZ-VOUS ?

En 1881, l'avenue d'Eylau, où se trouve la résidence du romancier, devient l'avenue Victor-Hugo. Des centaines de milliers de Parisiens y défilent le jour des quatre-vingts ans du grand homme pour fêter dignement son anniversaire.

Victor Hugo publie l'extraordinaire roman ***Notre-Dame de Paris*** à seulement 29 ans !

Génie des arts, Victor Hugo était romancier, poète, peintre et dessinateur de talent et il avait une passion pour la photographie !

36 DATE

MARS-MAI 1871 : LA COMMUNE

LE PEUPLE EN ARMES

Convaincu de la trahison du gouvernement français, le peuple parisien refuse la défaite face aux Prussiens et prend le pouvoir !

En mars 1871, les socialistes et les ouvriers se regroupent pour former un pouvoir autonome dans Paris. C'est la Commune. Ce gouvernement est vraiment révolutionnaire ! En quelques jours, il institue la séparation des Églises et de l'État et prend de nombreuses décisions en faveur des travailleurs : interdiction de travailler plus de dix heures par jour, instauration de salaires minimaux et obligation de maintenir des loyers modérés. Très vite, le mouvement s'étend dans les villes de province, comme Lyon, Marseille ou Narbonne. Réfugié à Versailles, à la tête du gouvernement légitime élu par les Assemblées monarchistes, Adolphe Thiers décide de désarmer Paris. Ses soldats, surnommés les versaillais, entrent dans la capitale le 21 mai. La sinistre «semaine sanglante» commence. Des milliers de communards sont exécutés, condamnés aux travaux forcés ou à la déportation. La révolution populaire est morte après deux mois d'espoirs. Mais elle reste à jamais un symbole pour le peuple de gauche.

◀ La Commune est la première révolution menée et contrôlée par le peuple.

AVANT/APRÈS

1er mars 1871: les troupes prussiennes défilent dans Paris.

20 mars 1871: le gouvernement et l'Assemblée nationale s'installent à Versailles.

28 mars 1871: proclamation de la Commune à l'Hôtel de Ville.

21-28 mai 1871: les troupes des versaillais entrent dans Paris: semaine sanglante.

24 mai: incendie des Tuileries et de l'Hôtel de Ville par les communards.

29 mai 1871: chute du fort de Vincennes, dernier bastion des communards.

La Commune inaugure l'école gratuite et laïque qui sera mise en place par **Jules Ferry.** → 38

LE MUR DE LA HONTE

Lieu d'héroïsme populaire et de répression brutale, le mur des Fédérés demeure l'un des endroits les plus symboliques de la République, but de pèlerinage pour le peuple de gauche.

Où ?

Quoi ?
Partie de l'enceinte du cimetière du Père-Lachaise à Paris, devenue un monument de l'émancipation ouvrière
Quand ?
147 Fédérés de la Commune de Paris fusillés : 1871

Le 10 juillet 1880, les derniers communards emprisonnés sont amnistiés, à l'exception des condamnés à la peine de mort ou aux travaux forcés pour crimes, assassinat ou incendie.

À la fin de la «semaine sanglante», le 28 mai 1871, les troupes du gouvernement installé à Versailles pénètrent dans le cimetière du Père-Lachaise où se sont réfugiés des Fédérés, partisans de la Commune. Ces derniers résistent mais doivent céder devant les troupes mieux armées des versaillais. La tentative de république populaire au cœur de Paris a échoué. Cent quarante-sept prisonniers sont fusillés contre le mur est de l'enceinte du cimetière. Ils sont ensevelis dans une fosse commune avec ceux tombés lors des combats des quartiers environnants. Le 23 mai 1880, à l'initiative d'anciens communards et de leurs proches, 25 000 manifestants bravent les forces de police en défilant et en déposant des fleurs devant le lieu du sacrifice de leurs amis. Le mur des Fédérés incarne aujourd'hui encore la lutte pour la liberté et les idéaux de gauche : chaque année, le dimanche le plus proche du 28 mai donne lieu à une annuelle «montée au Mur».

Gambetta, dont le cœur se trouve au **Panthéon**, fait voter l'amnistie des communards. →

HÉROS ▶ JULES FERRY (1832-1893)

38 L'INSTRUCTEUR PUBLIC

Ce grand réformateur fait adopter des lois révolutionnaires sur l'enseignement public. Mais il est aussi à l'origine d'une politique coloniale en Tunisie, à Madagascar, au Congo et au Tonkin.

En 1893, après une vie politique bien remplie, Jules Ferry est élu président du Sénat, mais il meurt d'une crise cardiaque une vingtaine de jours plus tard.

Vous avez joué un grand rôle au début de la IIIe République.
N'exagérons rien. J'ai simplement participé au débat politique comme journaliste, député, maire de Paris, sénateur, ministre et chef du gouvernement.

Pourquoi êtes-vous si connu ?
Ma célébrité est due aux lois votées entre 1881 et 1884 pour rendre l'école laïque, gratuite et obligatoire. Et faciliter l'enseignement des jeunes filles.

Quel était le but de ces lois ?
Il était temps de libérer les Français de l'emprise de l'Église. Il fallait aussi former des citoyens pour consolider la IIIe République.

Vous êtes critiqué pour votre politique coloniale expansionniste.
Je voulais que la France dispose d'un empire colonial. J'ai même déclaré à l'Assemblée que nous avions «le devoir de civiliser les races inférieures». À l'époque, une grande partie des Français était d'accord avec moi !

Pas tous. Georges Clemenceau a dénoncé la colonisation.
Oh ! lui, vous savez, il ne pensait qu'à reprendre l'Alsace-Lorraine aux Prussiens... Il y arrivera bien plus tard, mais c'est une autre histoire !

Jules Ferry est maire de Paris de novembre 1870 à juin 1871 pendant la **Commune.** → 36

LES HUSSARDS DE LA RÉPUBLIQUE

Pas besoin de sabre ou de fusil ! La règle, le tableau noir et l'encre violette sont des armes bien plus efficaces pour mener à bien votre combat éducatif.

De nombreuses institutrices ont aussi rempli cette extraordinaire mission d'éducation.

Hérauts de la IIIe République, vous vous donnez corps et âme pour instruire tous les jeunes Français, garçons et filles, et leur transmettre votre idéal. Préparés dans les Écoles normales, revêtus de grosses vestes noires, vous formez une armée dévouée et disciplinée. Grâce à vous, la France se couvre d'un manteau d'écoles entre 1880 et 1914 pour diffuser les valeurs universelles de la République. Soldats de l'instruction laïque, obligatoire et gratuite, vous êtes les promoteurs dans chaque village d'un savoir rationnel et éclairé, et vos écoles sont des avant-postes du combat contre le cléricalisme.

Génération patriote

Le traumatisme de la défaite de 1870, l'invasion prussienne et l'annexion des provinces de l'Est vous incitent à exalter le patriotisme des écoliers. Bon nombre de vos jeunes élèves seront fauchés par la mitraille lors de la guerre de 1914-1918.

LES PROVINCES PERDUES

Après la défaite de Napoléon III, le traité de Francfort du 10 mai 1871 annexe à l'Allemagne l'Alsace et une large partie de la Lorraine. Derrière la ligne bleue des Vosges, ces provinces passent sous domination allemande.

En enlevant l'Alsace ainsi qu'une partie de la Lorraine et en imposant une indemnité de cinq milliards de francs-or, le traité de Francfort fait naître chez les Français un insupportable sentiment d'humiliation et un profond ressentiment. Ils n'acceptent pas la perte de ces provinces même si la nouvelle frontière franco-allemande se franchit aisément et si les habitants ayant opté pour leur pays d'origine ont la possibilité de s'établir en Lorraine française, à Paris ou en Algérie. De nombreux artistes, peintres ou écrivains, comme Maurice Barrès et Alphonse Daudet, font plusieurs fois référence dans leurs œuvres à cette douloureuse annexion.

Sur les bancs de l'Assemblée nationale, deux tendances s'opposent dans le domaine de la politique étrangère: certains veulent à tout prix renforcer l'expansion coloniale française, alors en plein essor en Afrique et en Asie, tandis que d'autres fixent en priorité

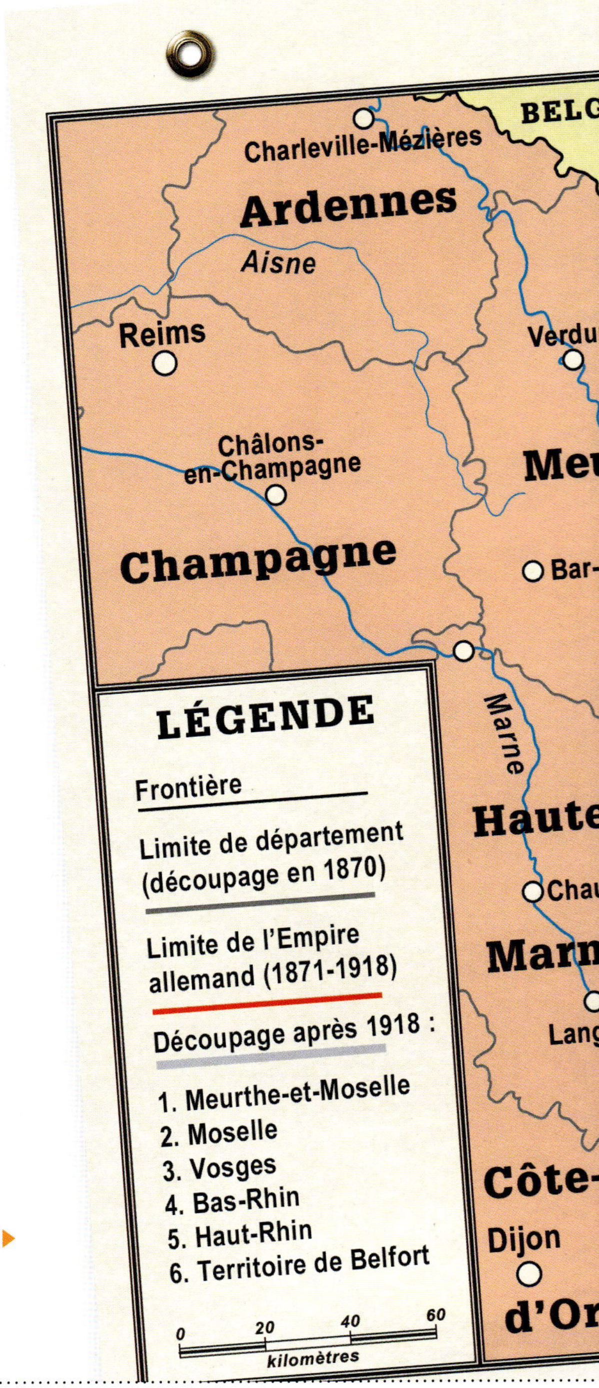

Irrité par la politique coloniale de Jules Ferry, le nationaliste Paul Déroulède affirme même à l'Assemblée: «J'ai perdu deux sœurs et vous m'offrez vingt domestiques.»

L'un des plus célèbres tableaux de l'époque représente un instituteur montrant à ses élèves une carte où figure une tache noire, signe de deuil, à la place de l'Alsace-Lorraine.

le retour des provinces perdues. Pour les partisans de la reconquête de l'Alsace-Lorraine, le mirage colonial est un piège tendu par les ennemis européens de la France afin de l'affaiblir en Europe. Exacerbées après le traité de Francfort, la soif de revanche et la nostalgie des terres annexées s'estompent assez rapidement, pour resurgir à la veille de la Première Guerre mondiale puis au cours des quatre années du conflit.

Le mythe de la Lorraine **Jeanne d'Arc** se renforce après l'annexion de sa région. → 14

41 **PERSONNAGES** LES SAVANTS DU XIXe SIÈCLE

DES PUITS DE SCIENCE

Héros du XIXe siècle, vous êtes des érudits et des chercheurs mais aussi des humanistes. À quoi sert la science si elle n'améliore pas la vie de ses contemporains ?

Le XIXe siècle est le temps des grandes découvertes, comme le vaccin contre la rage.

Grâce à vous, la science fait des progrès considérables et la société française en profite. Dans vos laboratoires, vous transformez la France grâce à vos vaccins, vos brevets, vos inventions. Admirés comme des saints laïques, certains d'entre vous deviennent même des mythes de leur vivant, construits par le second Empire puis par la IIIe République. Vos découvertes font la «une» des journaux, vos anniversaires sont fêtés en grande pompe, vos portraits apparaissent sur les images d'Épinal et d'innombrables rues sont baptisées en votre honneur. C'est mérité ! Vos plus grands alliés sont les industriels qui ont besoin d'innovations techniques permanentes. L'un des symboles de cette France industrielle et scientifique est la tour de monsieur Eiffel, qui fut à la fois un défi d'entrepreneur et le lieu de nombreuses expériences scientifiques au début du XXe siècle.

Deux fois prix Nobel, **Marie Curie** est la descendante des grands savants du XIXe siècle. → 54

GRAVÉE DANS LE MARBRE

Apparue pendant la Révolution française, la devise officielle de la République met du temps à s'imposer. Elle est aujourd'hui omniprésente sur les frontons, les médailles et les papiers officiels.

Sous la Révolution française, les devises prolifèrent comme «Force, Égalité, Justice», «Activité, Pureté, Surveillance» ou «Liberté, Sûreté, Propriété». Mais ce sont les notions héritées des philosophes des Lumières de liberté, d'égalité et plus tardivement de fraternité qui finissent par s'imposer. Adoptée en 1848 comme devise de la République, écartée et transformée en «liberté, Ordre public» sous les deux empires, elle est définitivement institutionnalisée sous la IIIe République. À l'occasion de la grandiose célébration du 14 juillet 1880, elle est gravée sur les frontons des édifices publics d'où elle avait été effacée. En 1946 puis en 1958, la devise «Liberté, Égalité, Fraternité» est inscrite dès l'article 2 de la Constitution française.

Bien avant la naissance de la devise française, Voltaire avait écrit: «Nous sommes tous égaux sur des rives si chères, sans rois et sans sujets, tous libres et tous frères.»

~~Activité~~
~~Pureté~~
~~Surveillance~~

La devise est souvent inscrite sur le **drapeau tricolore.** → 56

DES POCHES BIEN REMPLIES

Grands vainqueurs des révolutions française et industrielle, vous dominez la société du XIXe siècle. Vous n'êtes pas à plaindre, tout vous réussit.

Propriétaires rentiers, banquiers fortunés, entrepreneurs conquérants, négociants de haut vol, vous ne représentez que 3% de la population française. Mais votre situation est royale! Vous bénéficiez de l'essor de l'économie et des grandes aventures comme les chemins de fer, les grands magasins, ou les industries textiles ou métallurgiques. Vos appartements, vos résidences sont somptueux et vos domestiques, innombrables. Vous fréquentez les spectacles, les concerts et participez à la vie mondaine et politique.
Vous formez la nouvelle caste privilégiée, au détriment de la noblesse qui vous méprise car votre argent a été, selon elle, bien trop vite gagné. Pour vous protéger, vous êtes très vigilants sur l'éducation de vos fils, destinés à vous succéder aux commandes de vos affaires familiales, et organisez avec méthode les mariages de vos enfants.

◂ Quelques familles bourgeoises font fortune dans les chemins de fer et dans les banques.

Les membres de la **Commune** haïssent les bourgeois qui détiennent le pouvoir politique. → 36

LES FORÇATS DE LA FRANCE

La France du XIXe siècle s'enrichit grâce à votre travail harassant dans les usines. Mais quelle injustice ! Vous n'avez ni le droit, ni les moyens, ni le temps d'en profiter.

Vous apparaissez au XIXe siècle au moment où les ateliers artisanaux traditionnels sont peu à peu remplacés par de grandes usines. Par centaines de milliers, vous quittez les campagnes et rejoignez les villes, attirés par des salaires trompeurs et l'illusion d'accéder à une plus grande liberté. La mécanisation et la répétition des tâches contribuent à multiplier les emplois d'ouvriers non qualifiés et mal payés, notamment dans le textile et la métallurgie. Employés dans de vastes usines, soumis avec femme et enfants à d'interminables journées de labeur, vous êtes les travailleurs de l'ombre de la France. Il faudra bien longtemps avant que ne soient entendues vos voix. Et plus encore pour qu'elles soient prises en compte.

◀ En 1841, la loi française interdit de faire travailler les enfants de huit à douze ans... plus de huit heures par jour !

Les ouvriers seront défendus dans leur lutte par le socialiste **Jean Jaurès.** → 48

HÉROÏNE LOUISE MICHEL (1830-1905)

45 LA VIERGE ROUGE

Combattante acharnée pour la justice et la solidarité, cette révolutionnaire anarchiste se bat inlassablement contre le pouvoir bourgeois. Figure de la Commune de 1871, elle est une Marianne en chair et en os.

Mademoiselle Michel, les institutrices sont rares dans le panthéon de l'histoire de France...
C'est dommage car elles mériteraient plus d'égard. Mais cela dépasse les maîtresses d'école, vous savez les femmes ne sont pas nombreuses dans les livres d'histoire.

Quel est votre parcours?
Je deviens institutrice à Montmartre et je participe activement à la Commune de Paris. Le pouvoir réactionnaire ne l'accepte pas: je suis arrêtée, emprisonnée et on me traite même de «louve assoiffée de sang»!

Vous n'abandonnez pas vos idées.
Jamais. En 1873, je suis déportée en Nouvelle-Calédonie avec d'autres communards. Sur l'île, je crée des écoles pour les enfants indigènes et je plaide la cause de ces pauvres gens exploités par les colons.

Vous revenez en France en 1880?
Oui, et jusqu'à ma mort je vais défendre les plus démunis et les chômeurs, et me battre contre la peine de mort.

Louise Michel aimait écrire des contes pour les élèves de ses classes afin de leur transmettre ses valeurs révolutionnaires.

À 21 ans, Louise Michel rencontre **Victor Hugo** et entretient une correspondance avec lui. →

46 **DATE** 1894-1906 : L'AFFAIRE DREYFUS

L'INNOCENCE CONDAMNÉE

Entre 1894 et 1906, l'affaire Dreyfus déchire la société française dans un climat d'antisémitisme. Accusé à tort d'espionnage, un capitaine est sacrifié par les autorités militaires, judiciaires et politiques.

L'ECLIPSE

SCANDALE JUDICIAIRE

Malgré les preuves de son innocence, les juges de Rennes condamnent à nouveau le capitaine Dreyfus. Pour les antidreyfusards et la justice française, l'honneur de l'armée et des institutions est plus important que celui d'un homme !

Une «pétition des intellectuels» est publiée pour soutenir Dreyfus. C'est une grande première dans l'histoire de France.

En 1894, après un procès rapide et bâclé, le capitaine Dreyfus est condamné à la déportation au bagne de Guyane. Cet officier alsacien d'origine juive est reconnu coupable d'avoir livré des renseignements militaires aux Allemands. L'affaire Dreyfus qui commence va diviser les Français pendant plus de dix ans. Les dreyfusards, épris de justice, s'opposent aux antidreyfusards, nationalistes ou antisémites. Comme de nombreux écrivains, Émile Zola s'engage en faveur de Dreyfus et publie dans le journal *L'Aurore* une lettre au président de la République : «J'accuse». Mais le broyage judiciaire ne cesse pas. Rejugé, le capitaine Dreyfus est une nouvelle fois condamné en 1899, à Rennes. Après des années de combat, le capitaine Dreyfus est réhabilité en 1906. Cette grave crise renforce pendant très longtemps le clivage des forces politiques entre gauche et droite.

AVANT/APRÈS

1894 : découverte d'un bordereau livrant des secrets à l'ambassade d'Allemagne.

1894 : condamnation de Dreyfus pour haute trahison.

1898 : Esterhazy, le vrai coupable, est blanchi par un conseil de guerre.

1899 : Dreyfus est à nouveau condamné au procès de Rennes.

1899 : Dreyfus est gracié par le président de la République.

1906 : Dreyfus est innocenté par la justice.

Clémenceau, Zola et **Jean Jaurès** sont d'ardents défenseurs du capitaine Dreyfus. → 48

LES ROIS DU MONDE

L'Empire français atteint son étendue maximale entre les deux guerres mondiales. Il s'étend alors sur 12,5 millions de kilomètres carrés et compte une population de 65 millions d'habitants, répartis sur les cinq continents.

L'empire doit beaucoup à l'action de **Jules Ferry**: il joue un rôle fondamental dans la

Légitimée par les dignitaires de la IIIe République au nom d'une mission civilisatrice, la colonisation aboutit à la constitution du deuxième empire du monde après celui de l'Angleterre. Pour les Français, l'annexion de nouveaux territoires permet de retrouver leur prestige après l'humiliation de la défaite de 1871 contre les Prussiens. Ces colonies offrent de nombreuses matières premières et un immense marché pour écouler les produits manufacturés. Mais la France peine à contrôler l'ensemble de cet empire qui s'étend en Afrique de l'Ouest et au Maghreb, en Asie avec l'Indochine, mais aussi sur quelques territoires d'Amérique et d'Océanie. L'une des dernières conquêtes est celle de Madagascar qui devient une colonie française en 1896.

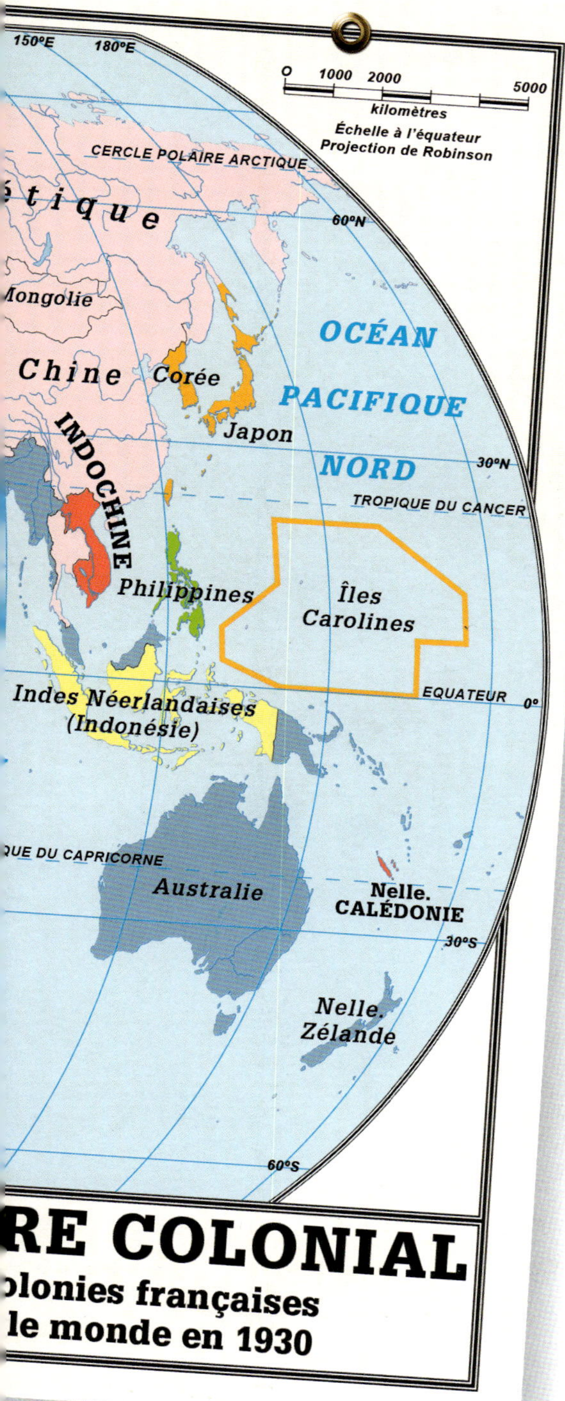

En 1931, une grande exposition se tient à Paris pour célébrer les colonies de la France. Plus de six millions de Français viennent visiter les pavillons et les monuments représentatifs de ces territoires d'outre-mer.

Vers la décolonisation

À partir des années 1930, l'émergence de plusieurs mouvements indépendantistes menace l'empire. Ils se développent dès le début de la Seconde Guerre mondiale quand la défaite française face aux nazis entame gravement le prestige de la métropole. Dès 1941, la France doit reconnaître l'indépendance de la Syrie et du Liban. En 1944, la conférence de Brazzaville réfute toute idée d'indépendance, mais un processus d'autonomie s'affirme en Indochine puis en Afrique du Nord. La décolonisation est en marche.

colonisation de la Tunisie et permet à la France de prendre pied au Congo.

→ 38

48

HÉROS ▶ JEAN JAURÈS (1859-1914)

LE HÉRAUT DE LA GAUCHE

Homme de paix, Jean Jaurès défend toute sa vie sa vision humaniste de la République et de la justice. Héros mythique du socialisme, il met inlassablement sa voix au service des plus démunis.

Comment êtes-vous entré en politique ?

Très jeune, j'ai été passionné par le combat des idées et j'ai eu la chance d'être élu député du Tarn à vingt-six ans. Il y avait tant de luttes à mener et de personnes à défendre. Les mineurs de Carmaux que l'on empêche de faire grève, le capitaine Dreyfus injustement accusé… Et plus largement, le peuple opprimé.

Vous devenez le fer de lance des socialistes français au début du XXe siècle.

Pour avoir une chance d'être entendu, il fallait fédérer les socialistes. Et comme j'aime convaincre par mes discours, je suis devenu leur porte-parole. C'était une belle aventure et l'Assemblée nationale m'a offert la tribune dont j'avais besoin.

Vous êtes aussi un homme de presse.

J'aime parler mais aussi écrire. J'ai fondé le journal *L'Humanité* en 1904 pour y exposer mes idées : soutenir les plus pauvres, préserver l'unité des forces de gauche et imaginer une nouvelle société.

Quelle est votre dernière action politique ?

Je déclare la guerre à la guerre. Il fallait lutter contre la montée des nationalismes et la militarisation des grandes puissances européennes. Malheureusement un fanatique m'empêcha d'aller au bout de mon action pour la paix, trois jours avant la déclaration de la guerre.

Vous êtes devenu un mythe pour le peuple de gauche.

C'est me faire beaucoup d'honneur. Mes cendres ont été transférées au Panthéon en 1924. J'y vois comme un symbole : mon corbillard était précédé par un groupe de mineurs de Carmaux !

Paul, le seul fils de Jean Jaurès, est l'un des millions de **poilus** de la Grande Guerre :

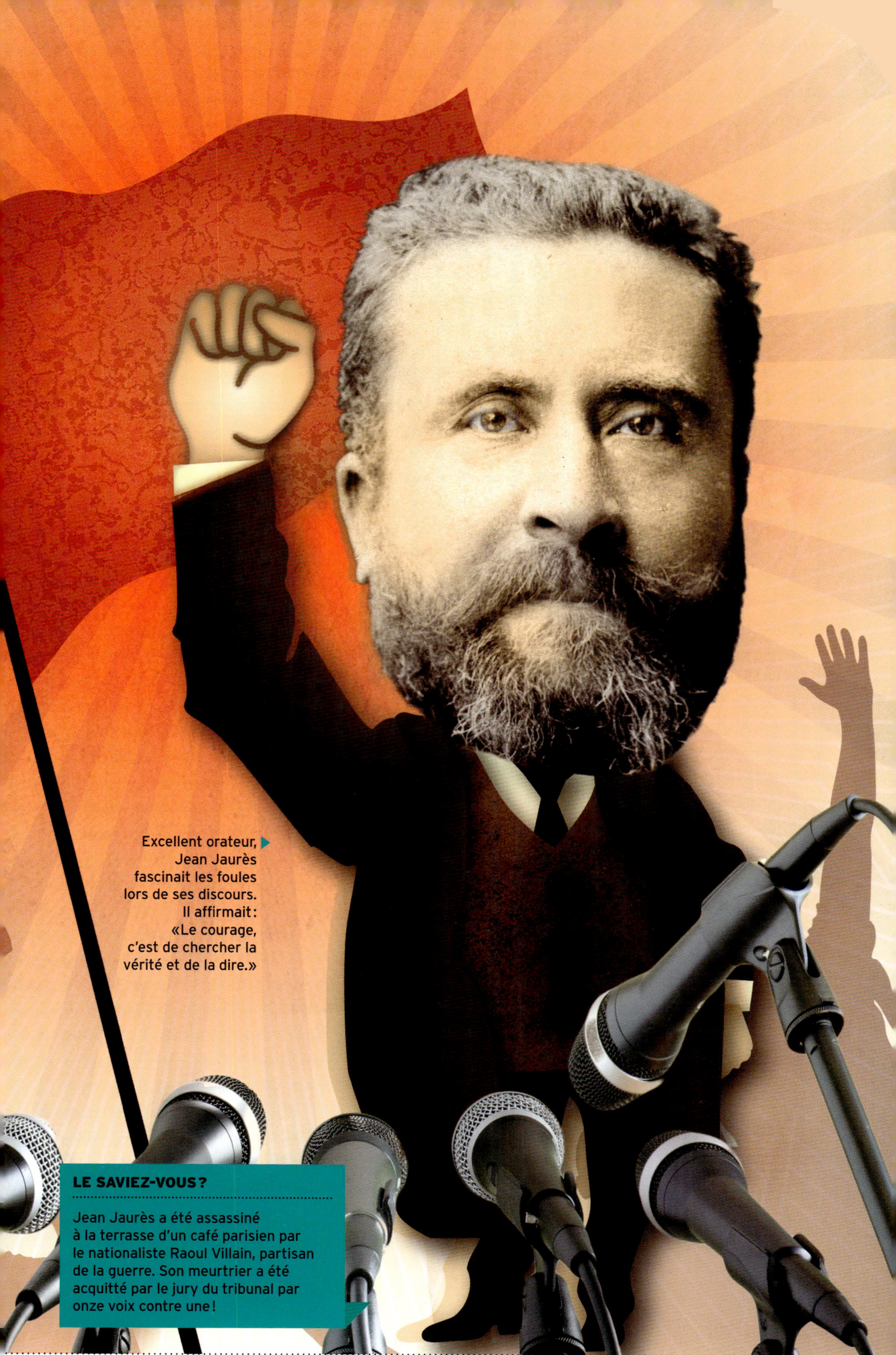

Excellent orateur, Jean Jaurès fascinait les foules lors de ses discours. Il affirmait : «Le courage, c'est de chercher la vérité et de la dire.»

LE SAVIEZ-VOUS ?

Jean Jaurès a été assassiné à la terrasse d'un café parisien par le nationaliste Raoul Villain, partisan de la guerre. Son meurtrier a été acquitté par le jury du tribunal par onze voix contre une !

il meurt au combat le 3 juin 1918, quelques mois avant l'armistice. →

49 LIEU — LA TOUR EIFFEL

QUEL PHARE !

Vedette incontestée de l'Exposition universelle, la tour de monsieur Eiffel est le symbole du progrès scientifique de la France républicaine et de sa puissance industrielle à la fin du XIXe siècle.

Lors de la préparation de l'Exposition universelle de 1889, le gouvernement français organise un concours dont le but est l'édification d'un monument complètement inédit. Un concurrent imagine de construire une guillotine géante de 300 mètres de haut afin de commémorer dignement le centenaire de la Révolution ! Son idée n'est pas retenue. Gustave Eiffel et ses ingénieurs remportent le concours avec leur projet de tour métallique de 312 mètres. Après deux ans, deux mois et cinq jours de travaux, la tour Eiffel est achevée le 31 mars 1889. Un exploit technique. Elle restera l'édifice le plus haut du monde jusqu'en 1929, année de la construction de l'immeuble Chrysler (319 m) à New York. Phare de la République dans une Europe encore royaliste, la Tour fait la fierté des Français et devient à jamais un symbole du pays. Construite pour être éphémère, ce Meccano géant ne sera pas démoli. Les peintres, les poètes et les photographes vont la rendre immortelle.

Lors de l'Exposition, les billets que l'on délivre pour visiter la Tour sont aux couleurs de la France : rouges pour le premier étage, blancs pour le deuxième, bleus pour le sommet.

Où ?

Quoi ?
Tour construite pour l'Exposition universelle de Paris de 1889, elle est devenue le symbole de la capitale française.

Quand ?
Construction : 1887-1889

Dans un dessin de 1944, la tour Eiffel tend les bras à **Charles de Gaulle.** → 57

 9 DÉCEMBRE 1905 : SÉPARATION DES ÉGLISES ET DE L'ÉTAT

LA FRANCE LAÏQUE

Après des années de lutte, les républicains remportent le combat : la France reconnaît tous les cultes mais n'en privilégie aucun. La laïcité devient un principe essentiel de la République.

Après neuf mois de débats houleux, la loi sur la séparation des Églises et de l'État est votée. La République assure la liberté de conscience mais «ne reconnaît, ne salarie, ni ne subventionne aucun culte». Cette loi fondamentale a pour but principal de combattre l'influence de l'Église catholique sur le vote des Français et la vie politique. Le texte est violemment condamné par le pape Pie X et par les catholiques de France qui l'estiment injuste. La loi de 1905 prévoit un recensement de tous les biens des églises. L'opération débute en janvier 1906 et va engendrer de graves tensions. Les fidèles des églises tentent d'empêcher les inventaires mais les soldats et les gendarmes interviennent avec vigueur. Les incidents se multiplient avant que le calme ne revienne. Le bilan de la loi est au final positif. Elle met un terme au conflit entre les catholiques et les anticléricaux, et facilite les relations entre les religions et les pouvoirs publics.

Des manifestations violentes ont lieu à Paris, en Bretagne, en Auvergne, dans les Pyrénées et en Savoie.

AVANT/APRÈS

1870 : début de la IIIe République.

1902 : l'anticlérical Émile Combes est désigné président du Conseil.

1905 : révolution dans l'Empire russe.

1906 : le capitaine Dreyfus est innocenté.

1914 : assassinat à Sarajevo de l'archiduc François-Ferdinand.

1946 : inscription dans la Constitution de la IVe République du principe de laïcité.

Cette loi met fin au Concordat signé en 1801 au moment de la **France napoléonienne.** → 30

PERSONNAGES LES POILUS

51 GÉNÉRATION SACRIFIÉE

Soldats inconnus ou héros médaillés, vous êtes tous les victimes de la folie des hommes. Pendant quatre ans, votre vie ressemble à une tragique roulette russe.

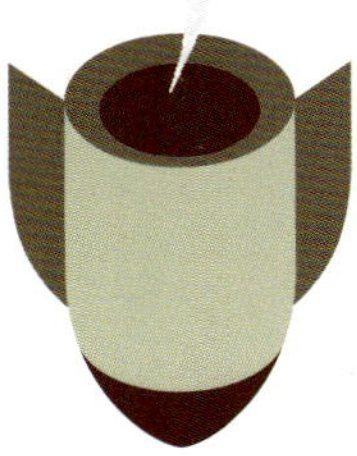

Quel destin ! Lorsque sifflent les premières balles de la Première Guerre mondiale, en août 1914, vous partez défendre votre patrie sans état d'âme, persuadés que les combats seront brefs et victorieux. Mais la réalité va être bien différente. Fauchés par les mitrailleuses, pilonnés par l'artillerie ennemie, vous allez vivre quatre années de cauchemars. Élevés dans le désir de revanche et le patriotisme, vous incarnez le courage et le gâchis de l'histoire. Pendant des mois, vous devez vous cacher dans des tranchées glaciales et sordides ou participer à de folles offensives, imaginées dans les salons par vos généraux. La France récupère l'Alsace-Lorraine mais vous avez perdu à jamais votre innocence dans cet enfer. Le 11 novembre 1920, la République rend pour la première fois un hommage à un soldat inconnu mort pendant la Grande Guerre, représentant anonyme de ses frères de combat. C'est bien peu de chose pour votre sacrifice.

Depuis 1922, le 11 novembre est devenu une fête nationale : la mémoire des poilus est honorée partout en France par de nombreuses commémorations.

Des soldats d'Afrique et d'Asie, issus de la **France coloniale,** ont aussi combattu. → 47

52 DATE 11 NOVEMBRE 1918 : L'ARMISTICE

BAS LES ARMES !

La onzième heure du onzième jour du onzième mois de l'année 1918, l'armistice mettant fin à la tuerie de 1914-1918 est enfin signé.

Hitler exigera de signer l'armistice de 1940 dans le même wagon.

Le 11 novembre 1918, à 5 h 05, la France et le gouvernement allemand se mettent d'accord pour arrêter les combats engagés cinquante-deux mois plus tôt. L'armistice est signé dans un wagon, près de Rethondes, dans la forêt de Compiègne. Le message suivant est envoyé aux troupes sur les champs de bataille : «Les hostilités seront arrêtées sur tout le front à partir du 11 novembre à 11 h, heure française.» Dans les campagnes de France, les cloches de milliers d'églises sonnent la fin du conflit. Le bilan de la guerre est tragique : l'Europe est meurtrie avec près de neuf millions de victimes, essentiellement militaires.

Quelques mois plus tard, le 28 juin 1919, le traité de Versailles humilie les Allemands avec des annexions, des occupations et de lourds remboursements.

AVANT/APRÈS

1914 : déclenchement de la Première Guerre mondiale.

1916 : la bataille de Verdun dure dix mois.

1917 : les bolcheviks prennent le pouvoir en Russie.

1919 : le traité de paix avec l'Allemagne est signé à Versailles.

1922 : prise du pouvoir de Mussolini en Italie.

1922 : création de l'URSS.

Un **poilu** sur cinq a été tué dans les tranchées de la guerre de 1914-1918.

→ 51

53 LIEU LE PANTHÉON

LA MAISON DES GRANDS HOMMES

Ancienne église convertie en temple de la nation, le Panthéon est devenu l'un des symboles de la France républicaine et un haut lieu de la mémoire nationale.

Transformé en mausolée des grands hommes de la nation en 1791, l'édifice religieux dédié à sainte Geneviève accueille dans sa crypte les corps de Voltaire, Rousseau, Mirabeau et Marat. Mais, très vite, les dépouilles de ces deux derniers en sont écartées. Car chaque entrée est un geste politique du pouvoir en place, rapidement contesté par le régime suivant. Par deux fois au cours du XIXe siècle, l'immense sanctuaire redevient église catholique avant de s'ériger définitivement en monument républicain, en 1885, à l'occasion des funérailles nationales de Victor Hugo, héros fédérateur du peuple français. Une grande partie de ceux qui ont façonné la France se trouvent rassemblés dans cette crypte singulière : le navigateur Bougainville et le résistant Jean Moulin côtoient le président de la République Sadi Carnot ou Alexandre Dumas, dernier entrant. Et les fiers généraux de l'Empire coexistent avec le pacifiste Jean Jaurès !

Plus de mille noms d'écrivains, de savants, de soldats et de glorieux Français sont inscrits sur les murs du temple républicain en guise d'hommage.

Où ?

Quoi ?
Église catholique Sainte-Geneviève, puis temple républicain dédié à de grands hommes (1791)

Quand ?
Construction : 1764-1790

En 1924, les cendres de **Jean Jaurès** sont transférées au Panthéon. → 48

54 HÉROÏNE — MARIE CURIE (1867-1934)

UNE FEMME DE SCIENCE

Née en Pologne, Marie Curie est une grande figure scientifique et féminine du xxe siècle. Sa réussite extraordinaire a encouragé les femmes à oser se tourner vers les métiers réservés aux hommes.

Étrangère et femme, vous entrez dans l'histoire de France... c'est un exploit.
C'est aussi le signe que la France est accueillante pour la jeune Maria Sklodowska, mon nom de jeune fille. En novembre 1891, j'arrive à Paris pour suivre des études en physique et en mathématiques. À la faculté des sciences, il y avait 23 jeunes filles pour 1 802 garçons !

Pourquoi ce choix ?
J'avais comme ambition très simple d'acquérir des connaissances scientifiques égales à celles d'un homme. Je savais que la science était un moyen de rendre meilleure la vie de l'humanité.

Vous êtes la femme des premières.
C'est vrai. Je suis la première femme docteur en physique (1893) et professeur à la Sorbonne (1906), la première femme à recevoir un prix Nobel (1903) et la seule personne à avoir reçu deux prix Nobel dans deux matières scientifiques différentes (1903 et 1911).

Vous avez montré un extraordinaire caractère...
Heureusement. Car ma vie n'a pas été le conte de fées parfois décrit. En 1906, je perds mon mari Pierre, renversé par une voiture à cheval. Je me retrouve seule avec mes deux filles, étrangère et femme. Mais, avec de la passion, on peut surmonter bien des obstacles.

Pierre et Marie Curie ont identifié les phénomènes de radioactivité naturelle, le polonium, dont le nom est un hommage au pays de naissance de Marie, puis le radium, un million de fois plus actif que l'uranium.

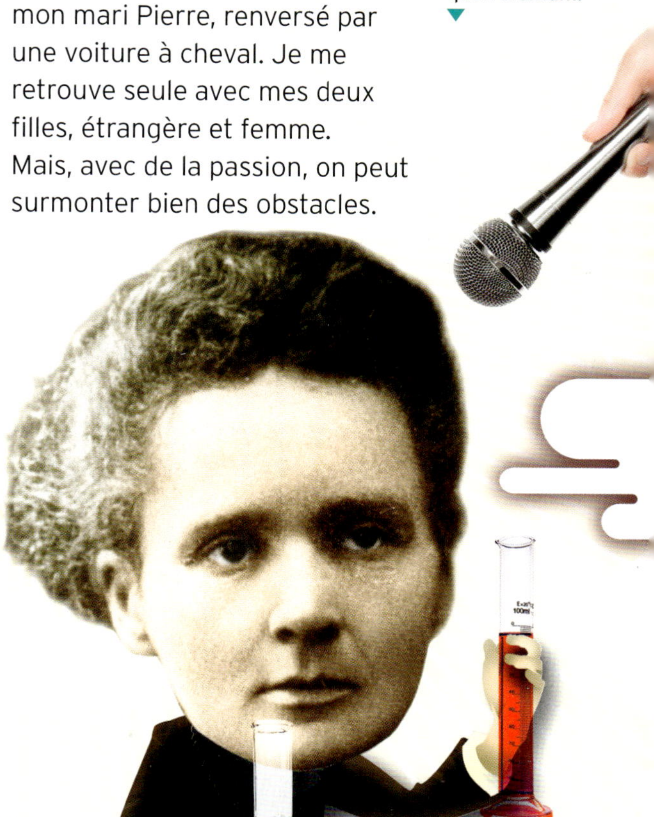

Marie Curie est entrée au **Panthéon** en 1995 avec son mari Pierre Curie. → 53

55 DATE 10 JUILLET 1940 - 20 AOÛT 1944 : L'ÉTAT FRANÇAIS

HONTE SUR LA FRANCE

Le 10 juillet 1940, le maréchal Pétain devient le chef de l'État français. C'est la fin de la IIIe République et le début de l'une des périodes les plus sombres de l'histoire de France.

Alors que les Allemands ont envahi la France en quelques semaines, le maréchal Pétain reçoit les pleins pouvoirs de l'Assemblée nationale : seuls 80 des 649 votants s'y refusent. Le vainqueur de Verdun dirige d'une main de fer un gouvernement autoritaire qui s'installe à Vichy. En octobre 1940, le chef de l'État français rencontre Adolf Hitler et lui serre la main. C'est un geste aussi fort que tragique. Il signifie ainsi que le gouvernement français s'engage volontairement dans la voie de la collaboration avec les Allemands. Pétain met en place une politique antisémite et n'hésite pas à prêter main-forte aux nazis dans leur folie exterminatrice comme lors de la rafle du Vél' d'Hiv en juillet 1942 où treize mille juifs sont faits prisonniers puis déportés. L'État français poursuit également les résistants, honneur de la France, qui ont répondu à l'appel du général de Gaulle.

AVANT/APRÈS

17 juin 1940 : le maréchal Pétain demande aux Français de cesser le combat.

18 juin 1940 : le général de Gaulle appelle à la résistance sur la BBC.

22 juin 1940 : signature de l'armistice franco-allemand.

25 août 1944 : libération de Paris par les troupes alliées et françaises.

10 septembre 1944 : mise en place d'un gouvernement provisoire.

13 octobre 1946 : début de la IVe République.

Un culte de la personnalité se met en place autour du maréchal Pétain, présenté comme «le protecteur de la patrie».

Le général **de Gaulle** a toujours considéré l'État français comme illégitime.

LA NATION PREND DES COULEURS

Bleu, blanc et rouge, l'emblème tricolore est le symbole flamboyant de l'union nationale depuis 1789. Sur les champs de bataille, les monuments officiels ou les terrains de sport, ce sont les couleurs de la France.

Le 17 juillet 1789, le roi Louis XVI accepte dans un geste de réconciliation d'associer sur son chapeau la cocarde blanche de sa garde nationale au bleu et au rouge de la milice de Paris. La cocarde tricolore était déjà portée depuis quelques jours mais ce geste l'impose comme symbole du patriotisme. Le 15 février 1794, la Convention décrète que les trois couleurs du pavillon national doivent être «disposées en bandes verticales, de manière que le bleu soit attaché à la gaule du pavillon, le blanc au milieu et le rouge flottant dans les airs». Le drapeau tricolore disparaît sous la Restauration et réapparaît sur les barricades lors des Trois Glorieuses, les 27, 28 et 29 juillet 1830. Il sera encore menacé plusieurs fois, comme le 25 février 1848, lors de la proclamation de la IIe République. Les insurgés veulent imposer l'étendard rouge, symbole de la révolution, mais Lamartine les en dissuade et sauve le drapeau tricolore. Aujourd'hui, les couleurs du drapeau sont définies mais les nuances sont libres : les bandes peuvent être foncées ou claires.

▲ Défini par l'article 2 de la Constitution de la Ve République, le drapeau tricolore est le seul emblème officiel de la France.

Un drapeau tricolore est déployé au sommet de la **tour Eiffel** pour son inauguration. → 49

57

ÉTERNEL RÉSISTANT

Fier de son pays et de ses racines, le général de Gaulle se met au service de la France pour protéger son indépendance et réaffirmer sans cesse sa grandeur. Il n'accepte ni la défaite devant ses ennemis, ni la soumission face à ses alliés.

Avant la Seconde Guerre mondiale, le général de Gaulle avait dénoncé le manque de chars de l'armée française.

Fait prisonnier en 1916, Charles de Gaulle est libéré après l'**armistice du 11 novembre 1918.** Entre les deux

Mon Général, vous êtes devenu célèbre au début de la Seconde Guerre mondiale…
J'ai simplement fait mon devoir : refuser l'armistice et résister à l'Allemagne nazie. Il fallait poursuivre le combat. Rien d'extraordinaire à mes yeux, j'avais fait la même chose pendant la Première Guerre mondiale.

Quatre ans plus tard, vous rentrez en libérateur à Paris.
Avec les forces alliées mais aussi des troupes françaises. J'en suis très fier. Il y avait aussi les résistants, qui ont joué un grand rôle. C'était un moment fabuleux… la France était à reconstruire.

Alors pourquoi quitter la vie politique de 1946 à 1958 ?
Je souhaitais que le président de la République ait des pouvoirs forts. Mais les représentants des Français ont choisi de privilégier l'Assemblée. Une grave erreur selon moi.

La guerre d'Algérie vous ramène au premier plan.
En effet, je suis appelé au pouvoir en mai 1958 pour rétablir le calme. Cela a nécessité une nouvelle Constitution, une nouvelle République. C'est ainsi que je suis devenu le premier président de la Ve République en décembre 1958, avant d'être réélu en 1965 au suffrage universel direct. Je voulais un rapport direct entre les Français et moi.

Quel est votre bilan ?
C'est à vous de juger. J'ai réussi la décolonisation de l'Afrique noire et mis fin à la guerre d'Algérie. J'ai favorisé le rapprochement avec l'Allemagne et mené une politique d'indépendance nationale, notamment face à l'URSS et aux États-Unis qui dominaient alors le monde.

Vous avez une certaine idée de la France !
Mais c'est normal. La France que j'aime, celle pour laquelle je me bats, doit occuper le premier rang parmi les nations.

LE SAVIEZ-VOUS ?

Le 18 juin 1940, le général de Gaulle lance son célèbre appel à la radio anglaise pour que les Français continuent le combat contre les nazis. Cet enregistrement n'a pas été conservé.

guerres, il est très lié avec le maréchal Pétain avant de s'en détacher. →

58 DATE **1954-1962 : LA DÉCOLONISATION**

L'EMPIRE PERDU

Face à l'émergence de mouvements indépendantistes, la France coloniale s'engage dans des conflits aux quatre coins du monde. Mais elle doit céder devant la volonté des peuples à être libres.

La Seconde Guerre mondiale fragilise la France et accentue les désirs d'émancipation de ses colonies africaines et asiatiques conquises au XIXe siècle.

▲ En 1962, il ne reste plus de l'ancien empire colonial français que quelques minuscules territoires en Amérique, en Océanie et dans le Pacifique. Ce sont les départements et territoires d'outre-mer.

Au début de l'année 1946, la France s'oppose à la volonté d'indépendance de l'Indochine. La politique retenue est celle de la répression. La guerre que les Français espéraient rapide dure plus de neuf ans et s'avère désastreuse. En 1954, par les accords de Genève, ils doivent abandonner leurs droits sur leurs colonies asiatiques. Au même moment, un processus d'autonomie se met en place en Afrique du Nord. La Tunisie et le Maroc obtiennent l'indépendance dès 1956, mais la guerre s'enlise en Algérie (1954-1962). Entre-temps, le général de Gaulle propose aux territoires d'outre-mer de devenir membres d'une Communauté française, premier pas vers l'indépendance. La Guinée refuse et accède immédiatement à l'autonomie. Les autres acceptent cette étape avant de devenir à leur tour indépendants en 1960. En 1962, la décolonisation est achevée, mais la France conserve des relations étroites, économiques, politiques ou linguistiques, avec ses anciens territoires et accueille encore chaque année un grand nombre de leurs habitants.

AVANT/APRÈS

- 1946 : les troupes françaises quittent le Liban et la Syrie.
- 1947 : fin de l'Empire britannique des Indes.
- 1954 : défaite française de Diên Biên Phu face aux troupes vietnamiennes.
- 1954 : début de la guerre d'Algérie.
- 1958 : le général de Gaulle revient au pouvoir et accélère le processus de décolonisation.
- 1962 : avec les accords d'Évian, l'Algérie accède à l'indépendance.

Un échec militaire au nord du Viêt Nam oblige **Jules Ferry** à quitter le pouvoir en 1885. → 38

59 L'ICÔNE RÉPUBLICAINE

Guerrière, nourricière ou maternelle, cette jeune femme incarne depuis plus de deux siècles la République française. Mais l'origine de son prénom reste mystérieux.

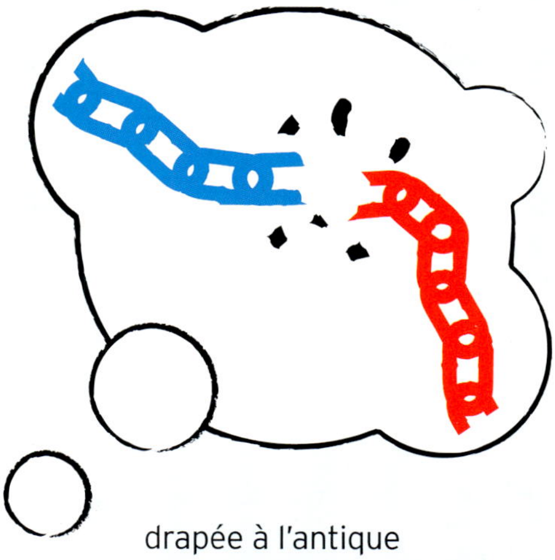

Les premières représentations de Marianne apparaissent au moment de la Révolution française. Elle porte alors le bonnet phrygien des esclaves de l'Antiquité nouvellement affranchis. Les statues et les bustes de Marianne, méchamment surnommée «la gueuse» par les monarchistes, se multiplient sous la IIIe République dans les mairies ou sur les places de chaque ville. Le plus souvent cette personnification de la République et de la Liberté remplace les statues de l'empereur Napoléon III. Son apparence va beaucoup évoluer : drapée à l'antique ou vêtue d'une robe moderne, coiffée d'un diadème, d'un casque, d'une couronne de lauriers ou d'un bonnet phrygien, portant des chaînes brisées (la liberté) ou une balance (l'égalité), chaque Marianne obéit aux idéologies de l'époque.

Sous le septennat de V. Giscard d'Estaing, la Marianne qui figure sur les timbres perd son bonnet phrygien, jugé trop provocateur. La coiffe révolutionnaire fera son retour avec le président Mitterrand.

On représente parfois Marianne aidant les **instituteurs** dans leur classe. → 39

TERRE D'ACCUEIL

Les Français sont loin d'être tous des descendants des Gaulois ! Venus essentiellement pour des raisons économiques ou politiques, des millions d'immigrés ont participé à la construction d'une mosaïque riche et diverse.

L'immigration est un phénomène très ancien en France et apparaît dès l'Ancien Régime avec la présence de quelques milliers de marchands et artisans étrangers. Après la Révolution de 1789, le pays des droits de l'homme accueille de nombreux réfugiés politiques. Mais c'est à la fin du XIXe siècle que la France devient véritablement une terre d'immigration. De 1850 à 1900, la population des autres pays européens triple mais celle de la France n'augmente plus : les campagnes, les usines et les mines manquent de bras. La porte s'ouvre. Les nouveaux venus arrivent des pays frontaliers comme la Belgique ou l'Italie, mais aussi d'Europe centrale et des colonies. Le phénomène s'accentue après le premier conflit mondial avec une origine géographique plus variée (Pologne, Tchécoslovaquie)

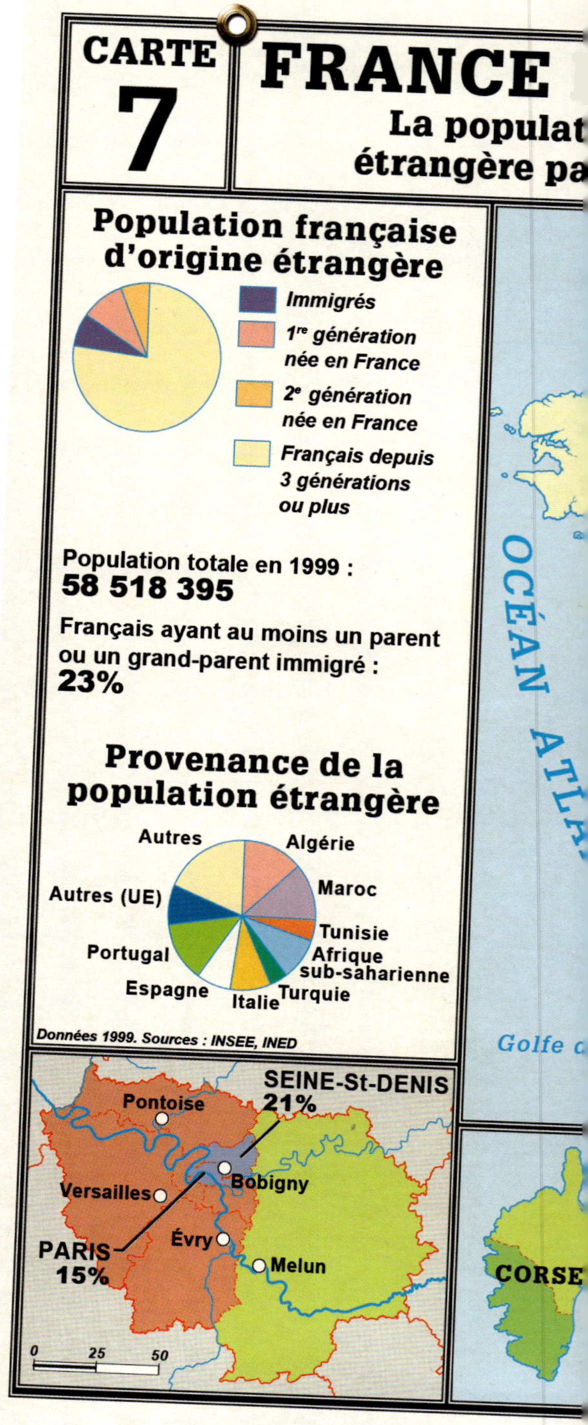

Entre 1921 et 1931, la France est le premier pays d'immigration du monde. En 1931, près de trois millions d'étrangers recensés forment 7 % de la population française, une proportion proche de celle d'aujourd'hui.

Si **Marie Curie** est venue en France poursuivre ses études scientifiques, des centaines de milliers d'autres

et l'apparition d'une importante immigration politique (Russie, Arménie, Allemagne, Italie, Espagne). Exilés politiques ou économiques, les immigrés sont à l'origine de la France d'aujourd'hui. Si les étrangers y restent encore très minoritaires, avec environ 8 % de la population, on considère qu'un Français sur cinq a au moins un lien avec la migration (descendant d'étrangers ou lui-même immigré).

Au début du XXe siècle, un million d'immigrés résident en France métropolitaine. Un siècle plus tard, il y en a environ cinq millions.

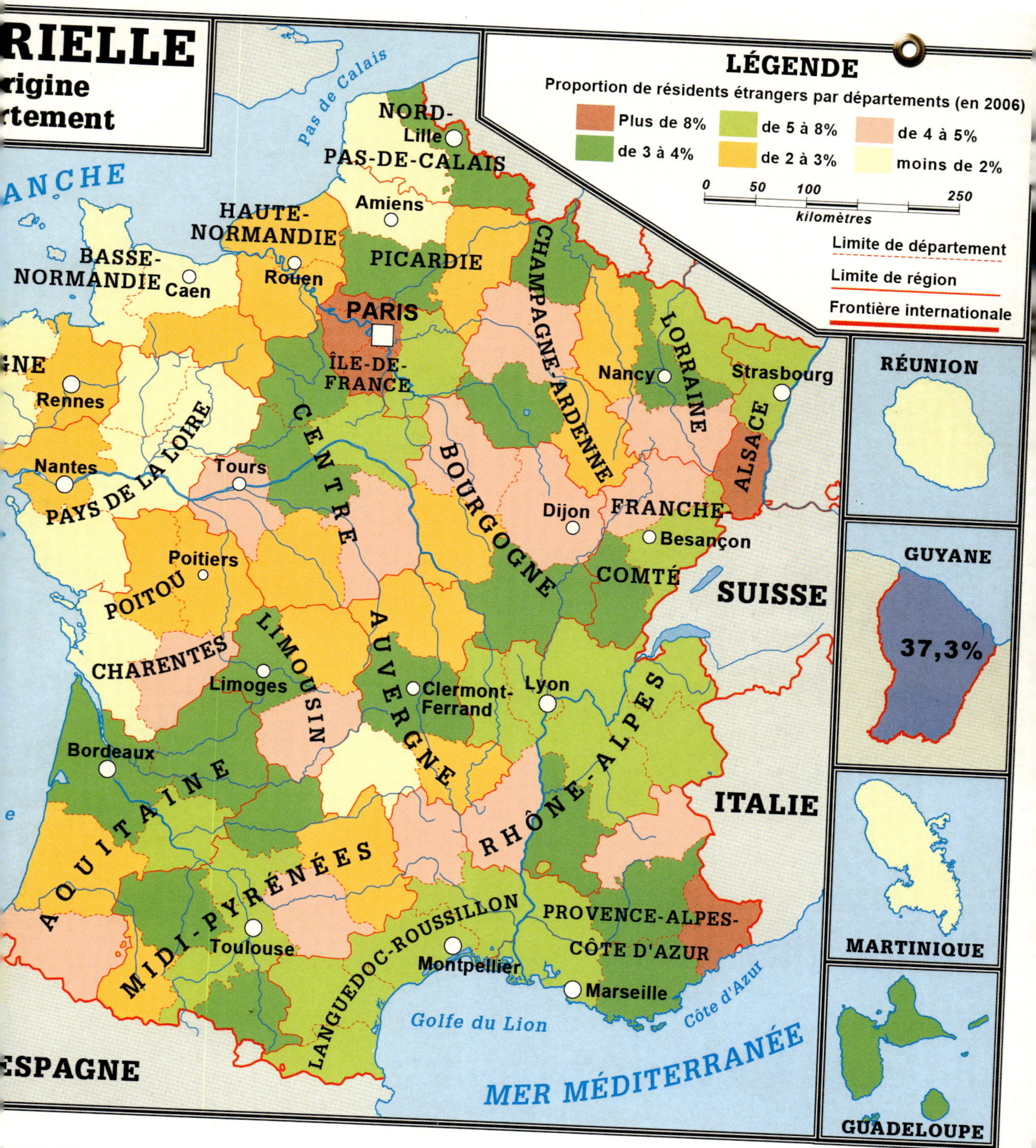

Polonais ont émigré pour travailler dans les mines du Nord.

→ 54

CHRONOLOGIE POLITIQUE

52 av. J.-C.: Alésia; victoire de Jules César sur Vercingétorix.

496: baptême de Clovis, roi des Francs.

751: le Carolingien Pépin est élu roi des Francs.

768: Charlemagne, roi des Francs.

800: Charlemagne couronné empereur d'Occident à Rome.

842: «serments de Strasbourg», premier texte en roman, ancêtre du français, et en allemand.

843: traité de Verdun; partage de l'empire carolingien d'Occident.

987: élection et sacre d'Hugues Capet, roi de France.

1095: le pape Urbain II prêche la première croisade.

1180-1223: règne de Philippe Auguste.

1214: bataille de Bouvines; victoire de Philippe Auguste sur Jean sans Terre et Otton IV.

1226-1270: règne de Saint Louis (Louis IX).

1328: mort de Charles IV, dernier Capétien direct, avènement de Philippe VI de Valois.

1337-1453: guerre de Cent Ans entre les Français et les Anglais.

1346: défaite des Français face aux Anglais lors de la bataille de Crécy.

1415: défaite d'Azincourt face aux Anglais.

1429-1431: Jeanne d'Arc lutte contre les Anglais et meurt sur le bûcher.

1494-1559: guerres d'Italie menées par les rois de France.

1515-1547: règne de François Ier.

1539: l'ordonnance de Villers-Cotterêts impose le français comme langue administrative et judiciaire.

1558: les Français reprennent Calais aux Anglais.

1562-1598: guerres de Religion opposant catholiques et protestants.

1572: massacre des protestants durant la nuit de la Saint-Barthélemy (du 23 au 24 août).

1589-1610: règne d'Henri IV.

1598: Henri IV signe l'édit de Nantes accordant la liberté religieuse aux protestants.

1614: convocation des états généraux par la régente Marie de Médicis.

1635: fondation de l'Académie française.

1648-1653: fronde des parlementaires contre le pouvoir royal.

1661-1715: règne personnel de Louis XIV.

1680: fondation de la Comédie-Française.

1682: Louis XIV et sa cour s'installent à Versailles.

1685: révocation de l'édit de Nantes par Louis XIV.

1763: la France perd ses possessions en Amérique (Canada, une partie de la Louisiane) et en Inde.

1766 : rattachement de la Lorraine.

1768 : achat de la Corse aux Génois.

1774-1792 : règne de Louis XVI.

1789 : début de la Révolution.

1795-1799 : le Directoire.

1799-1815 : le Consulat et l'Empire.

1804 : code civil ou Code Napoléon.

1815-1824 : règne de Louis XVIII.

1824-1830 : règne de Charles X, tentative de retour à l'absolutisme.

1830-1848 : monarchie de Juillet, règne de Louis Philippe Ier.

1848-1852 : IIe République.

1852-1870 : second Empire (Napoléon III).

1870-1940 : IIIe République.

1871 : insurrection de la Commune à Paris.

1882 : instauration de l'école gratuite, laïque et obligatoire.

1905 : loi de séparation de l'État et des Églises.

1914-1918 : Première Guerre mondiale.

1936 : victoire électorale et lois sociales du Front populaire.

1939-1945 : Seconde Guerre mondiale.

1940-1944 : régime de Vichy.

1946-1958 : IVe République.

1947-1962 : principales phases de la décolonisation.

1957 : traité de Rome ; création de l'Europe des Six.

1958 : fondation de la Ve République.

LES DATES DE LA RÉVOLUTION FRANÇAISE

5 mai 1789 : réunion des états généraux.
14 juillet : prise de la Bastille.
4 août : abolition des privilèges.
26 août : Déclaration des droits de l'homme et du citoyen.
21 juin 1791 : fuite du roi et arrestation à Varennes.
3 septembre 1791 : adoption de la Constitution.
Septembre 1792 : proclamation de la République.
21 janvier 1793 : exécution de Louis XVI.

CHRONOLOGIE CULTURELLE,
SOCIALE ET SCIENTIFIQUE

VIe siècle av. J.-C.: tombe de la Dame de Vix, princesse celte (découverte dans le département de la Côte-d'Or en 1953).

VIIe siècle: débuts des chants grégoriens.

Vers 800: apogée de la renaissance carolingienne.

910: fondation de l'abbaye de Cluny.

XIe siècle: la broderie de la reine Mathilde (tapisserie de Bayeux) retrace la conquête de l'Angleterre par Guillaume de Normandie.

1088: l'abbaye de Cluny devient la plus grande église du monde chrétien.

Fin XIe siècle: *La Chanson de Roland.*

1098: fondation de l'abbaye de Cîteaux et de l'ordre cistercien.

1197-1198: construction en Normandie de la forteresse de Château-Gaillard par Richard Cœur de Lion.

Milieu XIIe siècle: l'art roman cède la place à l'art gothique; début de la construction des cathédrales de Reims, de Chartres et de Notre-Dame de Paris.

Fin XIIe siècle: essor des romans de chevalerie.

1207: Dominique fonde l'ordre des Frères prêcheurs (dominicains).

1210: François d'Assise fonde l'ordre des moines franciscains.

Début XIIIe siècle: publication du *Roman de Renart*.

1241-1248: construction de la Sainte-Chapelle à Paris.

1257: fondation de la Sorbonne, à Paris.

1297: canonisation de Louis IX (Saint Louis).

Vers 1345: achèvement de la cathédrale Notre-Dame de Paris.

1495-1550: diffusion de la Renaissance italienne en France.

1503-1506 : Léonard de Vinci peint *La Joconde*.

Vers 1510 : temps des humanistes en Europe et en France (Érasme, Rabelais, Machiavel...).

Vers 1520 : début de la construction des châteaux de Chambord, Chantilly et Fontainebleau.

1635 : fondation de l'Académie française par Richelieu.

1748 : publication de *De l'esprit des lois* de Montesquieu.

1755 : Jean-Jacques Rousseau publie son *Discours sur l'origine et les fondements de l'inégalité parmi les hommes*.

1860-1890 : essor de la peinture impressionniste (Manet, Renoir...).

1885 : mise au point du vaccin contre la rage par Louis Pasteur.

1889 : fin de la construction de la tour Eiffel et grande Exposition universelle.

1895 : première séance publique de cinématographe des frères Lumière.

1921 : mise au point du vaccin contre la tuberculose (BCG) par Guérin et Calmette.

1936 : durée légale de la semaine de travail limitée à quarante heures et instauration des congés payés (quinze jours).

1940 : découverte des peintures des grottes de Lascaux.

1944 : droit de vote des femmes.

1961 : publication d'*Astérix le Gaulois*, de Goscinny et Uderzo.

1969 : premier vol du Concorde.

1977 : le Centre Pompidou ouvre ses portes.

1981 : abolition de la peine de mort.

PRINCIPAUX SOUVERAINS
AYANT GOUVERNÉ LA FRANCE

LES MÉROVINGIENS
Clovis Ier (481-511)
Dagobert Ier (629-639)

LES CAROLINGIENS
Pépin le Bref (751-768)
Charlemagne (768-814)
Louis Ier le Pieux (814-840)
Charles II le Chauve (843-877)
Louis II le Bègue (877-879)
Louis III (879-882), Carloman (879-884)
Charles le Gros (884-887)
Charles III le Simple (898-923)
Louis IV d'Outremer (936-954)
Lothaire (954-986)
Louis V (986-987)

LES CAPÉTIENS DIRECTS
Hugues Capet (987-996)
Robert II le Pieux (996-1031)
Henri Ier (1031-1060)
Philippe Ier (1060-1108)
Louis VI le Gros (1108-1137)
Louis VII le Jeune (1137-1180)
Philippe II Auguste (1180-1223)
Louis VIII (1223-1226)
Louis IX (Saint Louis) (1226-1270)
Philippe III le Hardi (1270-1285)
Philippe IV le Bel (1285-1314)
Louis X le Hutin (1314-1316)
Jean Ier (1316)
Philippe V le Long (1316-1322)
Charles IV le Bel (1322-1328)

LES VALOIS DIRECTS
Philippe VI de Valois (1328-1350)
Jean II le Bon (1350-1364)
Charles V le Sage (1364-1380)
Charles VI (1380-1422)
Charles VII (1422-1461)
Louis XI (1461-1483)
Charles VIII (1483-1498)

LES VALOIS-ORLÉANS
Louis XII (1498-1515)

LES VALOIS-ANGOULÊME
François Ier (1515-1547)
Henri II (1547-1559)
François II (1559-1560)
Charles IX ((1560-1574)
Henri III (1574-1589)

LES BOURBONS
Henri IV (1589-1610)
Louis XIII (1610-1643)
Louis XIV (1643-1715)
Louis XV (1715-1774)
Louis XVI (1774-1792)

PREMIER EMPIRE
Napoléon Ier (1804-1814)
Napoléon Ier (Les Cents-Jours) (mars-juin 1815)

RESTAURATION (BOURBONS)
Louis XVIII (Première Restauration) (1814-1815)
Louis XVIII (Deuxième Restauration) (1815-1824)
Charles X (1824-1830)

MONARCHIE DE JUILLET (BOURBONS-ORLÉANS)
Louis-Philippe Ier (1830-1848)

SECOND EMPIRE
Napoléon III (1852-1870)

LES RÈGNES LES PLUS LONGS
DE L'HISTOIRE DE FRANCE

Louis XIV : 72 ans
Louis XV : 59 ans
Philippe Ier : 48 ans
Charlemagne : 46 ans
Louis VII : 43 ans
Philippe Auguste : 43 ans

PRÉSIDENTS ET CHEFS D'ÉTAT

IIe RÉPUBLIQUE
Louis Napoléon Bonaparte (1848-1852)

TROISIÈME RÉPUBLIQUE
Adolphe Thiers (1871-1873)
Patrice de Mac-Mahon (1873-1879)
Jules Grévy (1879-1887)
Sadi Carnot (1887-1894)
Jean Casimir-Perier (1894-1895)
Félix Faure (1895-1899)
Émile Loubet (1899-1906)
Armand Fallières (1906-1913)
Raymond Poincaré (1913-1920)
Paul Deschanel (février à septembre 1920)
Alexandre Millerand (1920-1924)
Gaston Doumergue (1924-1931)
Paul Doumer (1931-1932)
Albert Lebrun (1932-1940)

ÉTAT FRANÇAIS
Philippe Pétain (1940-1944)

IVe RÉPUBLIQUE
Vincent Auriol (1947-1954)
René Coty (1954-1959)

Ve RÉPUBLIQUE
Charles de Gaulle (1959-1969)
Georges Pompidou (1969-1974)
Valéry Giscard d'Estaing (1974-1981)
François Mitterrand (1981-1995)
Jacques Chirac (1995-2007)
Nicolas Sarkozy (2007-)

CE SONT LES PREMIERS HISTORIENS DE FRANCE

Geoffroi de Villehardouin (vers 1150 - vers 1213)
Maréchal de Champagne sous le règne de Philippe Auguste, il participe à l'organisation de la quatrième croisade (1202-1204) et raconte cet épisode dans sa chronique, *Histoire de la conquête de Constantinople*.

Jean, sire de Joinville (1224-1317)
Biographe de Louis IX, il l'accompagne à la croisade de 1248 et rédige après la mort du roi sa célèbre *Vie de Saint Louis*. Elle évoque ses grands faits d'armes et contribue largement au mythe du roi très chrétien.

Jean Froissart (vers 1337 - vers 1410)
Ce chroniqueur offre la principale source pour connaître le début de la guerre de Cent Ans et les règnes de Charles VI et de Richard II. Il est considéré comme le premier historien de l'histoire de France.

Philippe de Commynes (1447-1511)
Dans ses *Mémoires*, ce diplomate retrace la vie des rois Louis XI et Charles VIII qu'il a servis. Comme un historien, il fait preuve d'impartialité et relate fidèlement les événements de son temps.

Ernest Lavisse (1842-1922)
Il est l'auteur du *Petit Lavisse* à partir de 1876, utilisé par des millions d'écoliers de la IIIe République.

DES LIEUX MÉMOIRE
DE L'HISTOIRE DE FRANCE

LE CHÂTEAU DE VINCENNES
Cette imposante demeure fut une résidence royale du XIIe au XVIIIe siècle. Son donjon a été construit au XIVe siècle par le roi Charles V.

LE CHÂTEAU DE FONTAINEBLEAU
Transformé au fil des siècles, il a été le cadre de nombreux événements historiques, comme la naissance de Philippe IV le Bel, le mariage de Louis XV ou l'abdication de l'empereur Napoléon Ier.

LE CHÂTEAU DE BLOIS
Résidence de sept rois et de dix reines de France, ce château de la Loire est plusieurs fois reconstruit par ses hôtes. Henri III y fait assassiner le duc de Guise en 1588 dans ses appartements.

LE CHÂTEAU DE DREUX
Dans l'enceinte du château de Dreux, la chapelle royale est la nécropole de la famille de Louis Philippe. Elle compte soixante-quinze tombes de personnages illustres.

LA SAINTE-CHAPELLE
Le roi Louis IX fait construire ce lieu de culte au cœur de Paris de 1241 à 1248 pour y abriter les reliques du Christ.

LE MÉMORIAL DE VERDUN
Il rassemble les vestiges de la plus célèbre bataille de la Première Guerre mondiale qui a causé la mort de 300 000 personnes et fait 400 000 blessés en moins d'un an.

LES PLAGES DU DÉBARQUEMENT
Sur la côte du Calvados et du Cotentin, les cinq plages du débarquement allié en Normandie choisies lors de l'opération *Overlord* de juin 1944, Utah Beach, Omaha Beach, Gold Beach, Juno Beach et Sword Beach, sont toutes jalonnées de monuments commémoratifs et de musées.

QUELQUES SITES INTERNET
AVANT UNE VISITE

http://www.musee-archeologienationale.fr
Le musée d'archéologie national de Saint-Germain-en-Laye présente environ 30 000 objets archéologiques, répartis en sept collections allant des origines de la Préhistoire (paléolithique) à l'époque mérovingienne (VIIIe siècle).

http://www.musee-moyenage.fr/
Le musée national du Moyen Âge de Cluny rassemble quelque 23 000 œuvres et objets dont 2 300 sont exposés. L'un des chefs-d'œuvre est la tapisserie *La Dame à la licorne*.

http://www.musee-renaissance.fr/
Le musée national de la Renaissance d'Écouen abrite de nombreux chefs-d'œuvre français et européens avec des collections de peintures, de sculptures ou d'orfèvrerie.

http://www.chateauversailles.fr
Très riche, le site donne une très bonne présentation du château du Roi-Soleil et de la vie à la Cour.

http://www.louvre.fr
Le site du musée avec de nombreuses pages sur l'histoire de l'ancienne résidence royale.

http://www.elysee.fr
Le site officiel de la présidence de la République avec des dossiers sur l'histoire de France et de nombreuses photographies.

http://www.invalides.org
Le site des Invalides et du musée de l'Armée: pour avoir une description du tombeau de Napoléon, des armures royales ou des plans relief avant une visite.

http://www.memorial-charlesdegaulle.fr/
Au pied de la croix de Lorraine à Colombey-les-Deux-Églises, le Mémorial Charles de Gaulle retrace la vie du général et l'histoire du XXe siècle. Non loin, ne pas rater la visite de La Boisserie, dernière demeure du fondateur de la Ve République.

http://www.charles-de-gaulle.org/pages/historial.php
Le site le plus complet sur le libérateur de la France, idéal avant une visite de l'Historial Charles de Gaulle, installé au cœur du musée des Armées.

http://www.memorial-caen.fr
Pour plonger au cœur de l'histoire du XXe siècle, du traité de Versailles à la chute du mur de Berlin.

www.inrp.fr/musee/
Le musée national de l'Éducation abrite et expose quelque 950 000 documents historiques dont des livres de classe et du matériel scolaire.

LES PHRASES DE L'HISTOIRE DE FRANCE

«Malheur aux vaincus!»
Le chef gaulois Brennus lors de la prise de Rome vers 390 av. J.-C.

«Souviens-toi du vase de Soissons.»
Clovis

«Qui t'a fait comte?
- Qui t'a fait roi?»
Échange entre Hugues Capet, élu roi, et l'un de ses vassaux, Adalbert de Périgord.

«La fin justifie les moyens.»
Le chroniqueur Philippe de Commynes.

«De l'amour ou haine que Dieu a pour les Anglais, je n'en sais rien, mais je sais bien qu'ils seront tous boutés hors de France, excepté ceux qui y périront.»
Jeanne d'Arc

«Père, gardez-vous à droite; père, gardez-vous à gauche!»
Philippe II le Hardi (1342-1404) à son père Jean II le Bon au cours de la bataille de Poitiers (1356).

«Qui s'y frotte s'y pique.»
Devise du roi Louis XI.

«Tout est perdu, fors l'honneur.»
François Ier (1494-1547) dans une lettre adressée à sa mère après sa capture par Charles Quint.

«Tuez-les, mais tuez-les tous pour qu'il n'en reste pas un pour me le reprocher.»
Charles IX juste avant le massacre de la Saint-Barthélemy (1572).

«Paris vaut bien une messe.»
Henri IV lors de sa conversion au catholicisme qui lui permit d'accéder enfin au trône de France.

«Labourage et pâturage sont les deux mamelles de la France.»
Sully, ministre d'Henri IV.

«La plus éclatante victoire coûte toujours trop cher, quand il faut la payer du sang de ses sujets.»
Louis XIV

«Allez dire à ceux qui vous envoient que nous sommes ici par la volonté nationale et que nous n'en sortirons que par la puissance des baïonnettes.»
Mirabeau

«Je meurs innocent de tous les crimes que l'on m'impute.»
Louis XVI avant d'être guillotiné.

«Après le pain, l'éducation est le premier besoin d'un peuple.»
Danton

«La mort est le commencement de l'immortalité.»
Robespierre

«Le boulet qui doit me tuer n'est pas encore fondu.»
Napoléon Ier

«L'exactitude est la politesse des rois.»
Louis XVIII

«La vérité est en marche; rien ne peut plus l'arrêter.»
Émile Zola lors de l'affaire Dreyfus.

«Courage, on les aura!»
Philippe Pétain à la bataille de Verdun.

«La guerre! c'est une chose trop grave pour la confier à des militaires.»
Georges Clemenceau

«La France a perdu une bataille, mais la France n'a pas perdu la guerre.»
Charles de Gaulle, juillet 1940.

DES FILMS QUI RACONTENT
L'HISTOIRE DE FRANCE

Jeanne d'Arc,
de Luc Besson
Notre-Dame de Paris,
de Jean Delannoy
Si Versailles m'était conté,
de Sacha Guitry
Les Sentiers de la gloire,
de Stanley Kubrick (la guerre 1914-1918)
Capitaine Conan, de Bertrand Tavernier
(la guerre de 1914-1918)
La Rafle,
de Roselyne Bosch
(la rafle du Vél' d'Hiv. en 1942)
Hors-la-loi,
de Rachid Bouchareb (la guerre d'Algérie)

SITES WEB

http://www.herodote.net/
Très riche, ce site propose des pages dédiées pour les plus jeunes, d'autres pour les historiens mais tout est clair et vivant!

http://www.histoire-pour-tous.fr/histoire-de-france
Une foule d'informations passionnantes, des articles diversifiés et de nombreux portraits de personnages, célèbres ou plus anonymes, qui ont tous marqué l'histoire de France

http://www.memo.fr
Un voyage dans le temps avec la liste des monarques, des présidents mais aussi des présentations très bien faites des différentes périodes de l'histoire de France.

http://his.nicolas.free.fr/
Le site d'un passionné qui présente l'histoire de France de la fin de la préhistoire jusqu'à Louis XV.

LIVRES

L'encyclopedi@ Histoire de France
Gallimard Jeunesse
Pour tout connaître de l'histoire de France à travers un jeu de questions/réponses. Et, tout au long du livre, des mots clés donnent accès à une sélection de liens Internet pour en savoir plus sur chaque sujet.

Notre pays la France
Dimitri Casali
Walter Bruyère
La Martinière Jeunesse
Un beau livre pour découvrir la construction et l'histoire de notre pays.

L'histoire de France dessinée
Béatrice Fontanel et Maurice Pommier
Gallimard jeunesse
Une autre manière, plus graphique, d'aborder les grands événements de l'histoire de France.

Histoire de France pour les nuls junior
Jean-Joseph Julaud
First Editions
L'histoire de notre pays traitée de manière synthétique et attrayante avec ses nombreuses anecdotes.

ÉMISSIONS RADIO / TÉLÉ

Les mercredis de l'histoire
Arte, tous les mercredis à 20 h 40
Des documentaires qui abordent de nombreuses facettes de l'histoire de monde et donc de l'histoire de France.

Au fil de l'histoire
France Inter, le dimanche de 15 h à 16 h
Patrick Liegibel
Des comédiens présentent, sous forme de fiction, de grands événements et redonnent vie à des personnages qui ont marqué l'histoire.

La marche de l'histoire
France Inter, du lundi au vendredi de 13 h 30 à 14 h
Jean Lebrun
Chaque jour, un événement, un personnage, une période expliquée avec de nombreuses archives sonores.

INDEX

A

Adenauer (chancelier) **04**
Adoubement **11**
Afrique de l'Ouest **47**
Afrique du Nord **47, 58**
Alembert Jean d' **23**
Alésia **01**
Alexandre III (pape) **13**
Algérie (guerre d') **57, 58**
Allemagne **57**
Alliés **57**
Alsace 19, 40, 51
Amboise 17
Ancien Régime 25, 27, 31, 60
Appel du 18 juin 57
Armistice 55, 57
Artois (comte d') 27
Asie 47
Astérix 01, 02,
Attila le Hun 03
Aurore L' 46
Auvergne 19
Azincourt (bataille d') 17

B

Barrès Maurice 40
Bastille (prise de la) 27
Béarn 19
Blois 17
Bolcheviks 52
Bonaparte *voir* Napoléon
Bougainville Louis
Antoine de 53
Bourgeois (bourgeoisie)
22, 43
Bourgogne 07, 10, 19
Bouvines (victoire de) 07, 12
Brazzaville (conférence de) 47
Brennus 01, 02
Bresse 19
Bretagne 07, 19
Burgondes 03

C

Capet Hugues 05, 07, 08, 20
Capet Louis 08
Capétiens 06, 07, 08, 12
Carloman 05
Carmaux (mineurs de) 48
Carnot Sadi 53
Carolingiens 05, 06, 08
Catherine de Médicis 18
Catholiques 18, 21, 26
César Jules 02
Chambord 17
Champagne 07
Charlemagne 05
Charles de Lorraine 08
Charles le Chauve 05
Charles Martel 05
Charles VII 14, 17
Charles IX 18
Charles X 04, 06, 27
Châteaux de la Loire 17
Chevalier 09, 11, 15
Christianisme 03, 13, 34
Clemenceau Georges 38, 46
Clergé 22, 26
Clotilde 03
Clovis 01, 03, 04, 08
Cluny (abbaye) 10, 23
Code civil 33
Code Napoléon 33
Coligny Gaspard de 18
Colonisation (colonies) 33,
38, 47, 51, 57, 58
Combes Émile 50
Commune (communards)
36, 37, 38, 43
Concordat 50
Condorcet Marie Jean 23
Congo 47
Constantinople 09
Constitution 24, 26, 31, 42,
50, 56
Convention 56
Coq gaulois 34
Croisades 03, 09, 12
Curie Marie 41, 54, 60
Curie Pierre 54

D

Damas 09
Daudet Alphonse 40
Déclaration des droits de
l'homme et du citoyen 31
Décolonisation *voir*
Colonisation
Delacroix Eugène 13
Départements 30
Déroulède Paul 40
Diderot Denis 23, 25
Diên Biên Phu 58
Dietrich Philippe 29
18 juin 1940 57
Doléances (cahiers de) 26
Drapeau tricolore 42, 56
Dreyfus (l'affaire) 46, 48, 50
Droits de l'homme 31, 60
Du Guesclin Bertrand 06
Dumas Alexandre 53

E

Églises 50
Eiffel (tour) 49, 56
Eiffel Gustave 41
Élysée 34
Empire romain d'Occident
03, 05
Empire russe 50
Encyclopédie L' 23, 25
Esterhazy 46
État civil 16
États généraux 26, 27, 28
États-Unis 57
Étienne II (pape) 06
Évian (accords d') 58
Exposition universelle
de 1889 49

F

Fédérés (mur des) 37
Ferry Jules 36, 38, 40, 47
Francfort (traité de) 40
Franche-Comté 19
François Ier 16, 32, 34
François-Ferdinand 50
Francs, 03

G

Gallo-Romains 03
Gambetta Léon 37, 53
Gaule 01, 03,
Gaulle Charles de 01, 02, 04,
13, 29, 39, 49, 55, 57, 58
Gaulois 01, 34
Genève (accords de) 58
Gergovie (bataille de) 02
Giscard d'Estaing Valéry 59
Godefroi de Bouillon 09
Grande Guerre *voir*
Première Guerre mondiale
Guillaume Ier le Pieu 10
Guinée 58

H

Henri de Navarre 18
Henri IV 04, 13, 18, 21, 32
Henri VI 13
Hitler Adolf 52
Hugo Victor 13, 30, 35, 45, 53
Hugues Capet *voir* Capet
Hugues le Grand 10
Humanité L' 48

I J

Immigration 60
Indochine 47, 58
Instituteurs 02, 16, 39, 59
«J'accuse» 46
Jachère 15
Jacobins 28
Jaurès Jean 44, 46, 48, 53
Jaurès Paul 48
Jeanne d'Arc 02, 11, 14, 15, 40
Jérusalem 09

K L

Kraks 09
Laïcité 50
Lamartine Alphonse de 56
Launay (gouverneur de) 27
Léon III (pape) 05
Liban 47, 58
Libération 55
«Liberté, Égalité,
Fraternité» 28, 42
Lis (fleur de) 20
Loches 17
Locke John 25
Lorraine 19, 40, 51
Lothaire Ier 05
Louis le Germanique 05
Louis le Pieux 04
Louis V 08
Louis VI 04
Louis VII 06, 09
Louis VIII 20
Louis IX 09, 12
Louis XI 06
Louis XII 34
Louis XIII 24
Louis XIV 04, 18, 19, 21, 22,
24, 32
Louis XVI 06, 08, 27, 29, 31, 56
Louis XVIII 04, 06
Louis-Philippe 06, 13
Louvre 06, 18, 24, 32
Lumières 23, 25, 31, 42
Luther 18
Luxembourg (palais du) 24

M

Maghreb 47
Mahomet 03,
Marat Jean-Paul 53
Marguerite de Valois 18
Marianne 59
Marie-Antoinette 06
Maroc 58
Marseillaise La 29
Mayeul 10
Mérovingiens 05
Michel Louise 45
Mirabeau Honoré de 53
Missi dominici 05
Mitterrand François 59
Monarchie 03, 09, 13, 17, 19,
20, 21

Mongols 12
Montesquieu Charles de 23, 25
Moulin Jean 53
Mussolini Benito 52

N

Nantes (édit de) 18, 21
Napoléon Ier 13, 18, 27, 30, 32, 34
Napoléon III 40
Newton Isaac 25
Nice 19
Nobel prix 54
Nobles (noblesse) 10, 17, 22, 26, 43
Noces de Cana Les 32
Normandie 07, 12
Notre-Dame de Paris 13, 34
«Nouvelle France» 19

O

Odilon 10
Odon 10
11 novembre 1918 51, 52, 57
Ordonnance 16, 17
Ordres 22, 26
Orléans 07, 19
Otton de Brunswick 12
Ouvriers 44

P

Palais-Bourbon 24
Panthéon 37, 53, 54
Paris 07
Paysans 15
Pépin le Bref 05, 06
Père-Lachaise (cimetière) 37
Pétain Philippe 55, 57
Philippe Auguste 07, 08, 09, 12, 20, 32
Philippe Ier 06
Philosophes des Lumières 23, 25, 31, 42
Pie X (pape) 50
Poilus 34, 48, 51, 52
Pompidou Georges 39
Première Guerre mondiale 12, 29, 48, 51, 52, 57
Privilèges 26, 31
Protestants 18, 21

Q R

14 juillet 1789 27
Reims 03, 04, 06, 08, 13, 14
Religion guerres de 18
Remi (évêque) 03, 04, 08
Renaissance 07, 17
Républicains 34
République (IIe) 56, 59
République (IIIe) 02, 16, 24, 27, 32, 38, 39, 41, 42, 47, 50, 55
République (IVe) 50, 55
République (Ve) 24, 56, 57
Résistants 57
Restauration 29, 56
Rethondes 52
Révolution 10, 15, 23, 25, 27, 28, 30, 32, 33, 34, 42, 49, 59
Robespierre (Maximilien de) 27, 28
Roi-Soleil *voir* Louis XIV
Romains 01, 05
Rouget de Lisle Claude 29
Rousseau Jean-Jacques 23, 25, 53
Roussillon 19
Russie 52, 57

S

Saint-Barthélemy (massacre de la) 13, 18, 21
Saint-Denis (basilique de) 06, 13
Saint-Germain-en-Laye 24
Saint-Pierre de Rome 10
Sainte-Hélène 33
Sainte-Sophie (basilique) 03
Saladin 09
Savants 41
Savoie 19
Science 41
Second Empire 32, 41
Seconde Guerre mondiale 47, 57
Seigneur 15
Séparation des Églises et de l'État 50
Serf 15
Sklodowska Maria 54
Soldat inconnu 51
Sorbonne 54
Sully Maurice de (évêque) 13
Syrie 47, 58

T U

Taxes 15
Templiers 09
Terreur (Grande) 27, 28
Thiers Adolphe 36
Tiers état 26, 28
Trois Glorieuses Les 56
Tuileries 32
Tunisie 47, 58
Urbain II 09, 10
URSS *voir* Russie

V

Vassal 11
Vercingétorix 01, 02,
Verdun (bataille de) 52
Verdun (traité de) 05
Véronèse 32
Versailles 21, 22, 24, 26, 27, 32
Versailles (traité de) 52
Vichy 55
Viêt Nam 58
Vilain 15
Villain Raoul 48
Ville sainte 09
Villers-Cotterêts (l'ordonnance de) 16, 17
Viollet-le-Duc Eugène 13
Voltaire (François Marie Arouet) 23, 25, 42, 53

W Z

Wassy (massacre de) 18
Wisigoths 03
Zola Émile 46

TABLE DES ILLUSTRATIONS

00: *La Liberté guidant le peuple*, Eugène Delacroix, vers 1830, h/t, coll. musée du Louvre, Paris © RMN.
01: Carte © Paul Coulbois/Gallimard Jeunesse.
02: Statue de Vercingétorix à Alise-Sainte-Reine, Max Alexander © Gettyimages, illustration © Elhadi Yazi/Gallimard Jeunesse. Micros © Kovalchuck Oleksanr/Shutterstock.
03: *Le Baptême de Clovis à Reims le 25 décembre 496*, François-Louis Dejuinne, 1837, h/t, coll. musée du château de Versailles © RMN.
04: Boule à neige © Iraidka/Shutterstock. La cathédrale de Reims © Kevinhung/Shutterstock, illustration © Marguerite Courtieu/Gallimard Jeunesse.
05: *Charlemagne, Empereur d'Occident*, détail, Louis-Félix Amiel, 1839, h/t, coll. musée du château de Versailles © RMN, illustration © Elhadi Yazi/Gallimard Jeunesse.
06: La cathédrale de Saint-Denis © Shutterstock, illustration © Marguerite Courtieu/Gallimard Jeunesse.
07: Carte © Paul Coulbois/Gallimard Jeunesse.
08: *Hugues Capet*, détail, Charles de Steuben, vers 1837, h/t, coll. musée du château de Versailles © RMN. Micros © Kovalchuck Oleksanr/Shutterstock, illustration © Elhadi Yazi/Gallimard Jeunesse.
09: *Seconde croisade, embarquement du Roi de France Louis VII à Limassol*, enluminure in *Passages faiz oultre mer par les Français*, Sébastien Marmerot, ms. français 5594, fol. 232 v, 1490, coll. BNF, Paris © AKG-images.
10: Boule à neige © Iraidka/Shutterstock. L'abbaye de Cluny, détail, lithographie, XIXe siècle © Roger-Viollet. L'abbaye de Cluny, clocher © Schuetze/Rodemann/AKG-images. L'abbaye de Cluny, porche © rfillon69/Fotolia.fr L'abbaye de Cluny, plan et vue de l'abbatiale, gravure de P. F. Giffart, XVIIIe siècle © Roger-Viollet, illustration © Marguerite Courtieu/Gallimard Jeunesse.
11: Les chevaliers, illustration © Tino/Gallimard Jeunesse.
12: La Bataille de Bouvines, miniature in *Grandes Chroniques de France*, ms. français 2815, fol. 163 v, coll. BNF, Paris.
13: Boule à neige © Iraidka/Shutterstock. Notre-Dame de Paris © Isantilli/Shutterstock, illustration © Marguerite Courtieu/Gallimard Jeunesse.
14: *Jeanne d'Arc au sacre du roi Charles VII dans la cathédrale de Reims*, détail, Jean Auguste Dominique Ingres, XIXe siècle, h/t, coll. musée du Louvre, Paris © RMN, illustration © Elhadi Yazi/Gallimard Jeunesse.
15: Les paysans, illustration © Tino/Gallimard Jeunesse.
16: Cadre © Nodff/ Shutterstock. L'ordonnance de Villers-Cotterêts, 1539, parchemin, coll. archives nationales de France.
17: Le château de Chambord © Mimohe/Shutterstock, illustration © Marguerite Courtieu/Gallimard Jeunesse.
18: *Le Massacre de la Saint-Barthélemy*, François Dubois, h/t, 1572, coll. musée d'Art et d'Histoire, Lausanne © Photo Josse/Leemage.
19: Carte © Paul Coulbois/Gallimard Jeunesse.
20: Fleur de lis © Shutterstock.
21: *Louis XIV*, Hyacinthe Rigaud, détail, 1701, h/t, coll. musée du Louvre © RMN. Micros © Kovalchuck Oleksanr/Shutterstock. Grille du château de Versailles © Ligak/Shutterstock, illustration © Elhadi Yazi/Gallimard Jeunesse.
22: Les nobles, illustration © Tino/Gallimard Jeunesse
23: *L'Encyclopédie* de Diderot et d'Alembert, 1751, © Selva/Leemage. Cadre © Nodff/ Shutterstock.
24: Le château de Versailles © Worakit Sirinjinda/ Shutterstock. Boule à neige © Iraidka/Shutterstock, illustration © Marguerite Courtieu/Gallimard Jeunesse.
25: Les philosophes des Lumières, illustration © Tino/Gallimard Jeunesse.
26: Cahiers de doléances, XVIIe siècle © Cheuva/ Kharbine-Tapabor. Cadre © Nodff/ Shutterstock.
27: *La Prise de la Bastille*, détail, Jean Houel, XVIIIe siècle, coll. musée Carnavalet, Paris © Photo Josse/Leemage.
28: Robespierre © Selva/Leemage, illustration © Elhadi Yazi/Gallimard Jeunesse.
29: Reproduction d'une strophe de *la Marseillaise* manuscrite par Rouget de Lisle, coll. Bibliothèque nationale, Paris © Selva/Leemage
30: Carte © Paul Coulbois/Gallimard Jeunesse.
31: La Déclaration des droits de l'homme et du citoyen © Selva/Leemage. Cadre © Nodff/ Shutterstock.
32: Le Louvre © Freek Frederix, Studio 38/Maugli/ Oleg Sencov/Shutterstock, illustration © Marguerite Courtieu/Gallimard Jeunesse. Boule à neige © Iraidka/Shutterstock.
33: Code civil des Français, coll. part.
34: Coq © Photodisc.
35: *Victor Hugo*, Léon Joseph Bonnat, h/t, 1879, coll. musée du château de Versailles © Photo Josse/Leemage, illustration © Elhadi Yazi/ Gallimard Jeunesse.
36: Commune de Paris, 16 mai 1871, la statue de Napoléon renversée place Vendôme © Roger-Viollet.
37: Le mur des Fédérés © Hervé Champolion/ AKG-images.Boule à neige © Iraidka/Shutterstock, illustration © Marguerite Courtieu/Gallimard Jeunesse.
38: Jules Ferry, 1903 © Bianchetti/Leemage, illustration © Elhadi Yazi/Gallimard Jeunesse.
39: Les instituteurs, illustration © Tino/Gallimard Jeunesse.
40: Carte © Paul Coulbois/Gallimard Jeunesse.
41: Les savants du XIXe siècle © Tino/Gallimard Jeunesse.
42: Liberté, égalité, fraternité, détail du fronton de l'Assemblée nationale © de Noyelle/Godong/Leemage.
43: Les bourgeois, illustration © Tino/Gallimard Jeunesse.
44: Les ouvriers © Tino/Gallimard Jeunesse.
45: Louise Michel, photographie anonyme, coll. musée Carnavalet, Paris © Bulloz/RMN, illustration © Elhadi Yazi/Gallimard Jeunesse.
46: Affaire Dreyfus, le procès de Rennes, 1899 © Roger-Viollet.

47 : Carte © Paul Coulbois/Gallimard Jeunesse.
48 : Jean Jaurès, Nadar © Collection Sirot-Angel/ Leemage, illustration © Elhadi Yazi/ Gallimard Jeunesse.
49 : Tour Eiffel © Brian A. Jackson/Shutterstock. Boule à neige © Iraidka/Shutterstock, illustration © Marguerite Courtieu/Gallimard Jeunesse.
50 : Après la loi de séparation entre les Églises et l'État, inventaires en Haute-Loire, conflit entre les villageois et les autorités, illustration in *Le Petit Journal,* mars 1906 © Roger-Viollet.
51 : Les poilus, illustration © Tino/Gallimard Jeunesse.
52 : Annonce de l'Armistice devant l'Assemblée nationale, le 11 novembre 1918 © Keystone/Gamma-Rapho.
53 : Le Panthéon © Jose Ignaco Soto/ Shutterstock.Boule à neige © Iraidka/Shutterstock, illustration © Marguerite Courtieu/Gallimard Jeunesse.
54 : Marie Curie in *Album des 500 célébrités contemporaines*, collection Félix Potin © Musée d'Orsay, Paris/RMN, illustration © Elhadi Yazi/Gallimard Jeunesse.
55 : Vichy, le maréchal Pétain salué par la foule, 1942 © Keystone/Gamma-Rapho.
56 : Drapeau français © Sean Nel/Shutterstock.
57 : Le général de Gaulle © Ullstein bild/AKG-images. Micros © Kovalchuck Oleksandr/Shutterstock, illustration © Elhadi Yazi/Gallimard Jeunesse.
58 : L'Algérie devient un État indépendant, le 7 mars 1962 © Keystone/Gamma-Rapho.
59 : Buste de Marianne © François Guillot/AFP.
60 : Carte © Paul Coulbois/Gallimard Jeunesse.